『개화기 한국과 영국의 문화적 거리와 표상』

송재용 · 오인영 편

박문사

　　이 자료집은 1999년 12월 1일 단국대학교 동양학연구소가 한국학술
진흥재단 지원 중점연구소로 선정된 이후 2005년 11월 30일까지 수행해
온 연구과제「개화기 대외 민간 문화교류 자료초 - 구미인들과의 민간
문화교류」의 자료 수집 및 정리, 연구의 산물이다.

　　이 책을 내기까지에는 국내에서의 자료 조사와 수집, 영국 현지답사
를 통한 자료 수집, 그리고 정리 등을 하는 과정에서 여러 가지 어려움과
고충이 있었다. 이 자리를 빌려 고생한 연구원과 연구보조원들에게 감사
를 드린다. 이들의 도움이 없었다면 아마 이 책은 출판되지 못했을지도
모른다. 자료가 극히 드문 상태에서 더구나 자료들이 산재되어 있었던
관계로 일일이 찾아야만 했기에 힘이 들었던 것도 사실이다. 그럼에도
우리는 과제 수행과 함께 사명감을 가지고 나름대로 최선을 다하고자 했
다. 그런 점에서 이 자료집은 의미가 있다고 하겠다.

　　본서는 과제에 참여한 연구원 및 연구보조원의 땀과 노력의 산물이

다. 단지 우리는 그것을 잘 정리하고자 했을 뿐이다. 이 과정에서 모든 책임은 송재용에게 있음을 밝힌다. 그리고 연구보조원으로 과제에 참여하여 고생한 신선희, 김구래 선생에게 진심으로 고마움과 함께 감사를 표한다.

끝으로 이 책이 발간되기까지에는 5년이란 인고의 세월, 기다림의 곡절이 있었음을 밝히면서, 요즈음 출판업계가 불황인데도 불구하고, 출판을 흔쾌히 허락해 준 도서출판 박문사 사장님과 관계자 여러분에게도 감사의 마음을 전한다.

2012년 10월 30일
죽전캠퍼스 연구실에서
송재용 씀

1

이 자료집은 1999년 12월 단국대학교 동양학연구소가 한국학술진흥재단 지원 중점연구소로 선정된 이후 수행해 온 자료수집 및 연구의 산물이다. 보다 구체적으로 말하자면, 「개화기 대외 민간 문화교류 자료초」를 작성하는 연구 작업의 제2세부과제인 개화기 구미인들과의 민간 문화교류에 관한 자료를 수집·정리한 연구과정의 산물이다.

본 『개화기 대외 민간 문화교류 자료초』 프로젝트의 목적은 일차적으로 개화기 민간 문화교류의 구체적인 실상을 파악하고, 그에 해당되는 실제 자료를 수집, 정리하여 한국학 및 관련분야 연구자들에게 널리 제공하는 것이다. 그리고 더 나아가서는 민간 문화교류에 관한 연구를 통해서 구미인들의 한국과 한국인에 대한 이미지와 표상의 기원과 특징을 탐구하고, 그것이 우리 스스로가 생각하는 한국인의 정체성과 얼마나 같

『개화기 한국과 영국의 문화적 거리와 표상』 해제

고, 다른지를 검토함으로써 우리 고유의 정체성에 대한 자기 이해와 가속화되는 세계화의 흐름 속에서 한국인으로서의 문화적 독자성을 재정립하는 데 이바지하는 것이다.

이 자료집의 특징은, 이런 연구목적을 달성하기 위해서, 그 동안 수집한 사진과 삽화들로 구성되었다는 점이다. 그리고 자료집 뒤에는 연표를 첨부하여 한국과 영국의 문화교류의 역사적 전개과정을 한눈에 살펴볼 수 있도록 했다. 한국과 영국의 민간생활과 문화에 관한 일종의 영상자료집을 기획한 것은, 일단 '읽어야 하는' 활자(活字)의 세계보다는 살아움직이는 활자(活者)의 세계를 '보여주는' 자료들이 때로는 장황한 설명보다도 훨씬 더 강하게, 훨씬 더 많은 것을 시사해 준다는 믿음에서 비롯된 것이다.

특히 이 자료집은, 사진 자료들을 수록한 기존의 서적들이 외국인이 본 한국(인)의 사진들만을 수록한 데 비해서, 동일하거나 유사한 주제의 영국(인)의 모습을 담은 사진들을 함께 수록하였다. 이것은, 당시 한국과 영국의 문화가 어느 정도의 거리감을 가지고 있었는지, 그리고 그 문화적 거리감이 서로에 대한 표상에 어떻게 작용했을 지를 독자 여러분이 자연스럽게 상상해볼 수 있도록 하기 위해서였다. 그리고 서양인이 남긴 한국 관련 사진 밑에 설명을 달아 놓았듯이, 영국 관련 사진 밑에도 간단한 설명을 첨가하여 독자들의 이해를 도울 수 있도록 했다.

2

여기에 수록된 한국 관련 사진과 삽화는 한국을 방문한 영국인들이

촬영하거나 그린 것들이다. 우리는 그것들을 사진자료집이나 개화기 한
국에 관한 외국인들의 저서에서 채집하여 비교적 동일한 크기의 형태로
편집하였다. 즉 큰 사진은 축소하고 작은 사진은 확대하여 혹시나 영상
물의 크기에 따라 이미지의 비중이 덩달아 커지거나 작아지는 것을 막으
려고 하였다. 이 책에 수록된 한국 관련 사진과 삽화의 출전을 출판연대
순으로 정리하면 밝히면 아래와 같다(한국 관련 사진 및 삽화에 첨부된
괄호 안에 있는 번호는 해당 자료의 출전을 뜻한다).

① John Ross, *Corea, Its History, Manners and Customs* (1891)

② Henry Norman, *The Peoples and Politics of the Far East* (1895)

③ Rev. Daniel L. Gifford, *Every-day Life in Korea* (1897)

④ E. A. Mcully, *A Corn of Wheat* (1903)

⑤ H. J. Whigham, *Manchuria and Korea* (1904)

⑥ Arthur Diosy, *The New Far East* (1904)

⑦ Constance J. D. Tayler, *Koreans at Home* (1904)

⑧ Homer B. Hulbert, *History of Korea* vol. 2 (1905)

⑨ L. H. Underwood, *With Tommy Tompkins in Korea* (1905)

⑩ Vay de Vaya, *Empires and Emperors of Russia, China, Korea, and Japan*
   (1906)

⑪ F. A. McKenzie, *The Tragedy of Korean* (1908)

⑫ H.I.J.M's Residency General, *Recent Progress in Korea* (1910)

⑬ Joseph H. Longford, *The Story of Korea* (1911)

⑭ Constance J. D. Coulson, *Peeps at Many Lands Korea* (1911)

⑮ Elizabeth keith, *Eastern Windows* (1928)

⑯ Elizabeth Keith, *Old Korea: The Land of Morning Calm* (1946)

『개화기 한국과 영국의 문화적 거리와 표상』 해제

한편, 영국의 풍물이나 인물 사진들의 경우에도 다양한 크기의 사진들을 비교적 균일한 크기로 다시 만드는 작업이 필요했다. 다만 당시 영국에 관한 사진을 한국인이 직접 촬영한 것을 수집하기란 불가능한 것이었음으로(없는 것은 구할 수도 없다!) 영국 관련 사진들은 당시 영국인들이 찍은 사진들 가운데서 선별하였다. 이 책에 수록된 사진들은 주로 F. Barker, Edwardian London, T. Sackett, British Life-A Century Ago 라는 책과 인터넷의 여러 영국 관련 사이트에서 채록하였음을 밝혀둔다.

3

본 자료집에는 크게 4개의 장으로 구분하여 총 123점의 사진과 삽화자료들이 수록되어 있다. 1장에는 〈조선과 영국의 왕실과 왕궁〉이란 이름으로, 19세기말 20세기 초 한국과 영국의 왕가의 표정과 왕실 건물들을 보여주는 자료들(한국 관련 자료 11점, 영국 관련 자료 5점)을 수록하였다. 여기에는 고종과 순종을 비롯하여 당시 궁궐에서 생활하던 사람들의 모습과 근정전 등을 찍은 사진 및 당시 영국의 여왕인 빅토리아여왕과 왕실 일가의 모습, 그리고 영국의 왕궁 사진들을 주로 모아 놓았다.

2장에서는 〈상류층의 삶과 여가 - 양반과 귀족의 문화〉라는 이름으로 양국의 상류층들의 문화와 생활을 엿볼 수 있는 자료들(한국 관련 자료 14점, 영국 관련 자료 10점)을 모아 수록하였다. 여기에는 수록된 한국 관련 자료들은 개화기 한국의 정치가인 김윤식의 사진을 위시하여 당시 양반들의 면모와 생활 그리고 여가를 보여주는 자료들이다. 그리고 영국 관련 자료들로는 자유당 출신의 정치가로 영국 수상을 역임했던 로

개화기 한국과 영국의 문화적 거리와 표상

이드 조지(Lloyd George)를 비롯하여 영국 귀족들의 생활과 여가 및 취미를 보여주는 자료들이 담겨 있다.

그리고 3장에는 〈생활과 문화의 풍속〉이라는 제목 하에 한국과 영국에서의 다양한 일상생활의 모습들을 담은 자료들(한국 관련 자료 20점, 영국 관련 자료 25점)을 수록하였다. 여기에 담긴 한국 관련 자료들은 서울의 거리와 시장의 모습을 담은 사진 및 삽화에서부터 무당과 기생의 사진에 이르기까지 당시 사람들의 다양한 생활상을 짐작케 하는 자료들이다. 또한 영국 관련 자료들도 런던의 거리 풍경과 사람들의 여가 생활 그리고 시장의 모습들을 엿볼 수 있는 사진들로 구성되어 있다.

끝으로 4장은 〈삶의 현장과 젊은 미래〉라는 제목으로, 당시 한국인과 영국인의 구체적인 일상 작업현장에서부터 국가의 미래를 좌우할 학생들과 학교의 모습을 찾아볼 수 있는 자료들(한국 관련 자료 18점, 영국 관련 자료 20점)을 모아서 구성해 보았다. 한국 관련 자료들은 농부의 노동과 일상을 보여주는 자료들부터 근대적인 직업세계인 인쇄소의 풍경, 신식 군인들, 그리고 학생과 그들의 배움터(서당과 학교)의 모습이 담긴 사진과 삽화로 구성되었다. 마찬가지로, 영국 관련 자료들도 구체적인 직업별로는 농부, 우체부, 공장, 군인, 학교의 모습을 구체적으로 보여주는 사진들을 중심으로 수록되어 있다.

또한 이 자료집에는 개화기 한국과 영국 간의 인적-물적 교류의 현황을 일별할 수 있는 연표가 수록되어 있다. 이 연표는 일종의 부록이지

『개화기 한국과 영국의 문화적 거리와 표상』 해제

만 그 가치는 부수적인 첨가자료 이상이다. 이 연표는 그 자체만으로도 한-영 문화교류의 대강을 보여주는 지표로서 충분히 독자적인 가치를 지니고 있기 때문이다. 여기에 수록된 연표는 한국과 영국의 문화교류가 본격화되기 시작한 개화기 이전의 시기 때부터 시작된다. 우리는 독자들에게 한국과 영국이 언제 서로를 알게 되었고, 풍문으로 알던 국가나 사람을 직접 체험해서 알게 된 시점이 언제인지를 정확히 보여주기 위해서 연표의 기점을 개화기 이전으로 잡았다.

특히 우리는 이 연표를 작성하는 과정에서 단지 사건이나 만남의 발생일시만을 적은 것이 아니라 그것이 어떤 성격의, 어떤 내용의 사건이며 만남인지까지도 가급적이면 기록, 정리하려고 노력하였다. 이것은 한국에 관한 저서와 자료들의 출간에 관한 정리를 할 때에도 마찬가지였다. 독자들은 여기에서 한국 관련 저서들의 출간에 관한 서지학적 정보는 물론이고, 수록된 내용에 관한 기본정보도 획득할 수 있을 것이다.

영상자료를 중심으로 한국과 영국의 문화적, 물질적 차이를 일목요연하게 보여주는 이 자료집을 통해서 독자들은 당시 한국과 영국이 지리적으로 뿐만 아니라 문화적으로도 '멀리' 떨어져 있었음을, 그리고 그런 거리감이 어떻게 표상되었는지를 바로 이해할 수 있을 것이다. 그런 이해의 바탕 위에서만, 다시 말해서 '타자의 눈에 비친 자기'와 '자기를 보는 타자'에 대한 이해가 동시적으로 '두텁게' 진척되어야만, 우리 문화와 역사는 물론이고 세계 문화와 세계사를 객관적으로 볼 수 있는 전망은 획득될 수 있다.

개화기 한국과 영국의 문화적 거리와 표상

조선과 영국의
왕실과 왕궁

1

한 1-1 한국의 황제, 고종(⑦)

　　1876년 개항에서 1910년 일본이 강제로 병합할 때까지 30여 년간은 한국 역사에서 가장 힘들고 중요한 시기였다. 고종은 열두 살에 즉위하였다. 고종의 즉위 당시는 밖으로는 외세의 침략과 안으로는 여러 정치세력 사이의 권력투쟁 등으로 왕조체제의 위기가 심화되고 있었다. 고종황제는 바로 이 시기의 대부분을 군주로서 보냈다. 대부분의 한국사 개설서에서는 그를 대원군과 왕비 사이에서 우왕좌왕한, 무능하고 유약한 군주라고 소개하고 있듯이 그에 대한 평가는 대부분 부정적이다. 그러나 고종은 조선의 낡은 모습을 여러 사회개혁을 통해서 변모시키려 했던 군주였다. 이러한 일련의 단행들은 결국 일본의 침략으로 무산되었지만, 개화기 한국의 황제 고종에 대한 평가는 재고되어야 한다.

조선과 영국의 왕실과 왕궁

한 1-3(⑪)

아관파천으로 러시아 공사관으로 간
고종과 순종 그리고 내관

국력이 약해 러시아 공사관으로 피신하는 고종과 순종의 모
습을 보고 참담함을 금할 수 없다.

개화기 한국과 영국의 문화적 거리와 표상

DIE TWO LAST SOVEREIGNS.

한 1-2(⑬)

한국의 마지막 두 군주, 고종과 순종
왕의 평상시 집무복인 곤룡포(袞龍袍)를 입고
익선관(翼善冠)을 쓴 고종과 순종의 모습

조선과 영국의 왕실과 왕궁

THE THRONE ROOM
"Since the revolution, in which the Empress lost her life, the Emperor has never returned there"

To face page 168

한 1-4 경복궁의 근정전(⑩)

"명성황후의 생명을 앗아간 을미사변 이후
고종황제는 다시 이곳으로 돌아오지 않았다."

왕이 거처하는 궁궐은 정식 궁궐인 정궁(正宮), 즉 법궁(法宮)과 임시로 거처하는 이궁(離宮)이 있었다. 조선전기에는 경복궁이 정궁이었고, 창덕궁이 이궁이었다. 그러나 임진왜란 때 경복궁이 불타버려 조선후기에는 창덕궁이 정궁이 되었으며, 경희궁이 이궁이 되었다. 고종 즉위 후 경복궁은 흥선대원군에 의해 1867년 복원되었으며, 1868년 고종은 그 거처를 경복궁으로 옮겼다. 대원군 때 재건된 경복궁은 건물 150여 채에 7,800칸에 이르는 거대한 규모였다. 사진은 을미사변 이후 고종이 없는 경복궁의 정전인 근정전의 모습이다.

개화기 한국과 영국의 문화적 거리와 표상

한 1-5. 경복궁- 왕실의 거처(⑬)

원제는 'the old palace-the royal dwelling'이지만 사진의 정황으로 보아서는 창덕궁 안에 있는 왕립도서관 규장각(奎章閣)의 전경인 것으로 보인다.

Photograph by]   [F. A. McEnzie

THE COURTYARD OF THE OLD PALACE IN SEOUL, FORSAKEN AFTER THE MURDER OF THE QUEEN ;
WITH WEEDS GROWING BETWEEN THE STONES.

한 1-6 경복궁 근정전(⑪)

"조선의 왕이 정무를 보던 근정전은
명성황후가 시해된 후 잡초만이 무성하다."

　　원제는 조선의 왕이 정무를 보던 근정전이라 표현했지만, 사진에 나타난 건물의
외양과 현관을 보아선 창덕궁의 정전인 인정전의 모습니다. 인정전은 조정의 각종 의식
이나 외국사신의 접견장소로 사용되는 국가행사의 공식적인 건물로서 정면 5칸에 측면
4칸의 중층 팔작지붕의 다포구종이다. 1907년 순종이 즉위하여 창덕궁에 거주할 때 내
부를 일부 서양식으로 개조하였다.

개화기 한국과 영국의 문화적 거리와 표상

KOREAN THRONE.

한 1-7 한국의 옥좌(⑦)

　궁궐의 정전에는 한결같이 일월오봉병(日月五峯屛)이 곡병 뒤에 설치되어 있다. 사진에서도 일월오봉병을 볼 수 있는데, 이 병풍에는 어좌를 둘러싸고 국토를 지키는 오악(五嶽)의 신과 음양의 조화를 의미하는 해와 달이 그려져 있다. 이것은 국토와 창생이 임금을 중심으로 하여 국가가 경영된다는 권위를 상징하는 것이다.

PAVILION IN THE NORTH
PALACE.
Face p. 26.

한 1-8 경회루(慶會樓)(⑦)

경복궁 경회루는 강녕전 연못 가운데 있는 누각으로 조선조 태종 12년에 외빈을 영접하여 연회를 베풀기 위하여 세워졌다. 그 후 임진왜란 때 소실되어 고종 4년에 다시 재건, 궁궐 안에서는 근정전과 함께 웅장함이 나라에서도 손꼽히는 건물이다. 기둥은 화강석으로 된 석주로 위로 올라갈수록 가늘게 되어 있으며 아래 지름은 약 1미터, 높이는 4.7미터다. 정면 8줄 측면은 6줄로 누각의 기둥은 이중 구조로 되어 있다.

개화기 한국과 영국의 문화적 거리와 표상

A KOREAN LADY IN FULL COSTUME

한 1-9 성장을 한 왕실 여인(⑨)

　큰머리(巨頭味)는 궁중에서 의식 때 하던 머리 모양으로서, 어여머리 위에 '떠구지' 라는 나무로 만든 큰 머리를 얹어놓은 것이다. 이 사진은 후에 명성황후의 사진이라는 주장과 궁녀라는 설이 분분했다. 그러나 Underwood가 *with tommy tompkins in korea* (1905)에서 'Korean lady in full costume'라고 설명했으며, 여인의 의상에 왕족임을 표시 하는 흉배가 없고 양어깨, 가슴에 왕실 징이 없는 것으로 보아 왕비를 보좌하는 궁녀의 복장인 듯하다.

한 1-10 한국의 옷 : 고관과 그 부인, 왕과 왕비(①)

조선왕조 사회는 지배계층인 양반과 중인(中人), 상민(常民), 천민(賤民) 넷으로 나누어지는 엄격한 신분제도가 있었다. 신분에 따라 관직(官職), 납세(納稅), 군역(軍役), 형벌(刑罰) 등이 차별되었으며, 의식주 생활양식에도 계층별 차등이 생겼다. 이는 복식에도 엄격한 계층분화를 가져왔으며 강렬했던 양반의식과 왕조적인 상하 질서의식은 그것을 더 엄격하게 하였다. 위 그림에 묘사된 인물 가운데 특히 왕비의 모습은 한국적이라기보다는 중국적인 분위기가 느껴진다. 이 삽화가 실린 책이 나올 무렵(1891년)까지도 서양인은 한국적인 것을 정확히 몰랐던 듯하다.

개화기 한국과 영국의 문화적 거리와 표상

PRINCESS IN COURT DRESS

한 1-11 공주(①)

　　당의를 입은 여인의 모습이다. 당의는 소례복으로 평복 위에 착용하였는데, 초록색 비단에 다홍색 안을 받치고 자주색 겉고름과 안고름을 달았으며, 소매 끝에는 창호지 속을 넣어 흰 천의 거들지를 달았다. 그리고 왕족의 당의에는 직금과 부금을 하였다. 겨울철에는 초록색이 아닌 자색 당의를 입기도 하였다. 그리고 화관을 썼다. 위 그림에서는 공주라고 말하고 있으나 구체적으로 누구인지는 알 수 없다.

조선과 영국의 왕실과 왕궁

영 1-1

　재위 기간 중에 "팩스 브리타니카(Pax Britanica)"라고 불리는 영국 최고의 전성기를 열었던 빅토리아여왕(재위: 1837~1901)

개화기 한국과 영국의 문화적 거리와 표상

영 1-2

　빅토리아여왕의 뒤를 이어 영국 국왕에 오른 에드워드 7세(재위: 1901~1910) 그의
재위 기간 중 두 차례 영일동맹(1902, 1905)이 체결되었다.

영 1-3

빅토리아여왕과 왕손들
(앉아있는 빅토리아여왕의 오른쪽이 그녀의 아들 에드워드 7세, 왼쪽은 그녀의 손자 조지 5세, 그리고 어린이는 증손자인 에드워드 8세)

개화기 한국과 영국의 문화적 거리와 표상

영 1-4

버킹엄궁전 앞에 있는 빅토리아여왕 기념비(1911년)

영 1-5

존 내쉬(John Nash)가 설계한 영국 왕들의
런던 관저인 버킹엄궁전

개화기 한국과 영국의 문화적 거리와 표상

상류층의 삶과 여가
: 양반과 귀족의 문화

2

VISCOUNT KIM YUN SIK

한 2-1 외부대신 김윤식(1841~1920)(⑯)

정자관(程子冠)에 관복을 입은 김윤식의 모습이다. 정자관은 평상시에 양반들이 집에서 쓰던 관(冠)으로 망건위에 탕건을 쓴 다름 그 위에 덧쓰는 것이다. 그리고 문관 당상관의 관복에 붙이는 계급장(?)인 쌍학흉배를 단 문관복을 착용하였다. 김윤식은 1874년 과거에 급제하여, 영선사(1881)로 청국에 건너가 한미수호통상조약(1882)의 체결을 주선하였고 공조·예조·병조판서를 지냈다. 1885년에는 독판교섭통상사무가 되어 巨文島사건을 해결하였고 외무독판·외부대신(1895), 중추원 의장을 지냈다. 1910년 한일합방 조인에 가담하여 후에 일본 정부로부터 자작(子爵)과 은사금을 받았다. 그러나 1919년 3·1독립운동에 동조, 작위를 반환하여 동포에게 신망을 얻었다. 저서로는 『운양집』, 『음청사』, 『속음청사』, 『천진필담』 등이 있다.

YANGBAN—AN ARCHERY MEETING

(From Stereograph Copyright, Underwood & Underwood, London.)

한 2-2 양반의 향사례(⑬)

　　향사례는 효제충신(孝悌忠信)하며 예법을 좋아하여 어지럽히지 않는 자를 앞세운다. 향사례는 중종 때에 와서 향촌사회의 안정을 도모하고 습속을 변화시키고자 시행이 거론 되었다. 우리의 전통적인 활쏘기는 향사례라는 말보다는 흔히 양궁과 대비시켜 국궁이라고도 한다. 양궁이 과녁을 뚫는 것이라면, 전통적인 방식의 활쏘기는 화살 끝이 뭉뚝하여 멀리 있는 나무판 과녁을 향해 쏘면, 그곳에 있는 사람들이 색깔이 다른 깃발을 들어 명중과 그렇지 못함을 알려주었다. 다 쏜 화살은 수거하여 통을 달은 도르래를 들려 활 쏘는 장소로 운반하여 다시 사용하였다.

개화기 한국과 영국의 문화적 거리와 표상

YANGBAN AT HOME—A GAME OF CHESS.
(From Stereograph Copyright, Underwood & Underwood, London.)

한 2-3 집 안에서 장기를 두는 양반(⑬)

사랑채에서 손님과 장기를 두는 군부대신 윤웅렬(尹雄烈)의 모습이다. 담뱃대가 길수록 양반이었던 시절답게 장죽의 꼭지가 재떨이에 닿아 있다.(1890년)

상류층의 삶과 여가 - 양반과 귀족의 문화

A YANGBAN'S SEDAN CHAIR.
(From Stereograph Copyright, Underwood & Underwood, London.)

To face p. 40

한 2-4 양반의 가마(⑬)

여염집 여자의 나들이에는 흔히 가마를 이용했다. 가마는 대개 여자가 타는데, 왕이 타는 연, 공주나 옹주가 타는 덩(8인교라고도 한다.), 종 2품 이상이 타는 높은 외바퀴 수레인 초헌, 위에 포장 없이 의자처럼 생긴 남녀, 초상에 상주가 타는 사각가마 등이 있다. 민간에서는 흔히 네 사람이 메는 사인교를 썼다.

개화기 한국과 영국의 문화적 거리와 표상

A YANGBAN'S RESIDENCE—ENTRANCE.

한 2-5 양반집의 입구(⑬)

　　우리나라의 전통 가옥의 입면(立面)과 형태는 우주적 질서를 함축해 담으려고 하는 철학에 토대를 두고 있다. 서유구의 『임원경제지』에서는 가옥을 상분, 중분, 하분으로 나누어 구별하고 있다. 하분은 땅을 의미하였고, 중분은 인간을, 상분은 하늘을 상징하였으며, 집을 통해 하늘과 사람, 땅의 우주적 질서를 기준으로 건물 각 부분의 비례와 재료를 선택하였던 것이다. 이러한 인식체계 위에서 설계되고 지어진 한옥은 여러 가지 우수한 특징을 지니고 있다. 기단을 높여 땅에서 올라오는 습기를 피하였으며, 처마를 깊게 하여 더위와 직사광선을 피하는 차양 역할을 하였던 것이다.

상류층의 삶과 여가 - 양반과 귀족의 문화

한 2-6 조정의 관리(⑮)

　관복을 입은 관리의 모습이다. 관복은 문무백관이 집무 때에 입는 옷으로 『경국대전』의 기록을 보면 사모(紗帽), 단령포(團領袍), 흉배(胸背), 대, 백말, 혐금화(挾金靴)로 구성된다고 한다. 그중에 사모는 시대에 따라 형태가 변천해 왔는데 고려 말과 조선 초기에 걸친 사모는 뿔이 좁고 밑으로 처졌으며 조선 중·후기 사모는 모정이 높고 뿔의 경각이며 수평이다. 조선 말기 초상화에 나타난 사모는 모정이 얕고 뿔의 길이가 짧아지면서 두께가 두꺼워지고 뒤로 약간 구부러져 조선 초기의 것과는 전혀 다른 형태를 보여준다. 이 초상화의 인물을 단학흉배(單鶴胸背)를 착용한 것으로 보아 문관 당하관의 모습이다.

개화기 한국과 영국의 문화적 거리와 표상

NOBLEMAN DRESSED FOR CONFUCIAN CEREMONY

한 2-7 의례 복장을 한 양반(⑯)

금관조복(金冠朝服)을 한 벼슬아치의 모습이다. 조복(朝服)은 경축일, 원단, 동지 및 조칙을 반포할 때와 같은 경우에 착용하였다. 화려하게 금칠을 한 양관(梁冠)과 적초의, 상아 등으로 만든 홀(笏), 목화(木靴)로 구성되어 금관조복으로 불리우기도 한다.

상류층의 삶과 여가 - 양반과 귀족의 문화

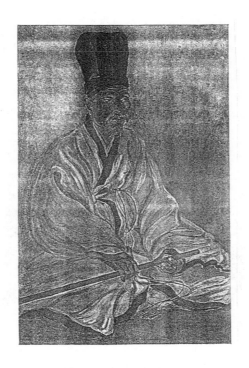

한 2-8 유생(⑯)

　　유교를 배우는 사람을 유자(儒者) 또는 유사(儒士)라고도 칭한다. 7~8세에 서당에 들어가『천자문(千字文)』,『동몽선습(童蒙先習)』,『계몽편(啓蒙篇)』,『사략(史略)』을 배우고 14~15세엔 사학(四學) 또는 향교에서 사서오경(四書五經)을 배운다. 소과(小科)에 응시하여 생원이나 진사가 되면 성균관에 진학하여 더욱 공부한 뒤 대과에 응시하여 급제하면 관직에 임명된다.

개화기 한국과 영국의 문화적 거리와 표상

YOUNG MAN IN COURT DRESS

한 2-9 관복을 입은 청년(⑯)

　조복(朝服)의 벼슬아치. 조선시대 벼슬아치의 예장(禮裝)으로 조복에 사모관대(紗帽冠帶), 목화(木靴)를 신고 경복궁 광화문 앞에서 상소문을 읽고 있다.

상류층의 삶과 여가 - 양반과 귀족의 문화

GENTLE IN CEREMONIAL DRESS

한 2-10 양반가의 규수(⑯)

　　조선 사대부가의 여자는 평상시에 저고리와 적삼, 치마, 단속곳, 바지, 속속곳, 다리속곳 등을 겹겹이 입었다. 조선시대의 치마는 신분을 표시하는 수단이기도 했다. 양반가 여성의 치마는 넓고 길었으며 치마에 금직이나 금박을 놓은 단을 대었다.

개화기 한국과 영국의 문화적 거리와 표상

Colour Etching   Courtesy of The Beaux Arts Gallery, London

A DAUGHTER OF THE HOUSE OF MIN

한 2-11 민씨 가문의 딸(⑯)

　　조바위에 저고리 치마를 입은 처자의 모습니다. 조바위는 구한말에 생겨난 것이라
고 생각되는데, 아얌이 귀를 덮지 않는 데 반해 이것은 뺨에 닿는 곳을 동그랗게 하여
귀는 완전히 덮어 바람이 들어가지 않게 가장자리가 오므려져 있다. 이 조바위는 겉은
검정 비단, 안은 보통 비단 또는 목으로 만들었으며, 이마 위에는 금, 은, 비취, 옥, 자마
노나 그 모조품으로 된 희(喜)·예(禮)·수(壽)·복(福) 등의 글자를 장식하였고, 또 앞이
마와 뒤에는 끈이 달렸다. 이 자줏빛 또는 검정색 조영(組纓)이나 산호주를 꿴 끈에는
양끝에 술 장식이 달렸다. 아얌이나 조바위는 주로 양반가 부녀자들의 외출용 난모였는
데, 예장을 갖추지 못할 때는 이것으로 대신하기도 했다.

상류층의 삶과 여가 - 양반과 귀족의 문화

한 2-12 잔칫집의 소년(⑮)

　　남자아이의 나들이 옷차림으로 색동두루마기에 전복(戰服)을 입고 머리에는 복건
을 썼다. 이 복건은 원래 도복에 갖추어 쓰는 검은 천으로 된 건(巾)인데, 이 시기에는
흔히 어린아이가 명절이나 돌 때 썼다.

개화기 한국과 영국의 문화적 거리와 표상

COREAN COSTUMES.

MANDARIN & WIFE.   MILITARY OFFICER & WIFE.

한 2-13 한국의 옷 : 문관과 그 부인, 무관과 그 부인(①)

　　관복은 관리의 복장으로 제복·조복·공복·융복 등 여러 가지가 있었다. 관복은
모(帽:모자)와 대(帶:허리띠)·화(靴:신발)를 갖추어야 하고, 또 등급에 따라 색과 문양
들이 달랐다. 개항 이후 관복은 많은 변화를 거쳤다. 1895년에 군인들의 복장이 서구식
군복으로 바뀌었고, 1899년에는 외교관의 복장이 서양식으로 되었으며, 1900년에는 모
든 관리의 복장이 양복으로 바뀌었다.

상류층의 삶과 여가 - 양반과 귀족의 문화

그림 2-14 양분 신분을 나타내는 머리 장식(⑦)

쪽진 머리와 아얌을 쓴 여인의 모습과 정자관과 사모를 쓴 남자의 모습을 스케치한 모습이다. 쪽진 머리는 조선 중·후기 가체의 폐단에 대한 대안으로 이후 여인들의 머리모양이 되었다. '아얌'이란 조선시대 여자들이 겨울에 나들이할 때 쓰는 방한모의 하나로 양반계층에서는 방한용으로, 일반 평민계층에서는 장식용으로 사용하였다. 정자관(程子冠)은 조선시대 중기 사대부 유생들이 평상시 집에서 쓰던 관으로 조선 후기까지 유생들의 애호를 받았다. 모양은 말총으로 산자형(山子形)을 2단 혹은 3단으로 나타내도록 짠 것이다. 사모는 조선의 관리들이 궁에 입궐할 때 쓰는 관모였다. 따라서 머리 장식은 신분을 보여주는 한 표상이었다.

영 2-1

　재무장관을 역임하고 훗날 영국 수상에까지 올랐던 웨일즈 출신 정치가, 로이드
조지(Lloyd George)

상류층의 삶과 여가 - 양반과 귀족의 문화

영 2-2

정장을 차례 입고 자신들의 마차를 기다리는
20세기 초 영국의 귀족들(1901년)

개화기 한국과 영국의 문화적 거리와 표상

영 2-3

영국을 방문한 프랑스 대통령을 축하하기 위해
모여든 영국의 상류층(1908년)

상류층의 삶과 여가 - 양반과 귀족의 문화

영 2-4

영·불 박람회에 모인 영국 상류층(1908년)

영 2-5

주로 영국의 상류층 자제들이 다녔던
귀족 학교(Westminster School)(1909년)

상류층의 삶과 여가 - 양반과 귀족의 문화

영 2-6

대학교(Royal Holloway college)에 입학한 상류층 여성(1900년)

영 2-8

테니스를 즐기는 영국의 귀족들(1892년)

상류층의 삶과 여가 - 양반과 귀족의 문화

영 2-7

1941년 독일군의 폭격으로 파괴되기 이전의 영국의 의사당 내부
이 그림은 1880~81년 사이에 그려진 것으로 추정된다.

개화기 한국과 영국의 문화적 거리와 표상

영 2-8

영국 귀족들의 인기 있는 취미 가운데 하나는 사냥이었다.

상류층의 삶과 여가 - 양반과 귀족의 문화

영 2-9

노포크(Norfolk)지역에 있는 왕실 사냥터, 사진에서
오른 쪽의 두 번째 인물이 에드워드 7세이다.

개화기 한국과 영국의 문화적 거리와 표상

생활과 문화의
풍속

3

SKOUL

"The broad streets seem an immense cemetery, and the mean little flat-roofed houses graves"

To face page 240

한 3-1 한양의 전경(⑩)

"넓은 거리는 거대한 묘지와 같고
작고 납작한 지붕으로 덮여진 집은 무덤과 같다"

종로의 1895년 모습이다. 원래 한국에는 사탑을 제하고는 고루(高樓), 고옥(古屋)
이 없어서 구한말에도 4대문 이외에는 2층 구조가 없었다. 단층이자 높지도 못한 그나마
납작한 집이 대부분이던 구한말의 주택에 관해서 비숍여사도 다음과 같은 기록을 남기
고 있다. "가옥은 낮고 처마가 돌출했으며, 벽은 진흙을 아무렇게나 발라서 시가에 미관
을 전혀 보태지 않는다. 지상 3~4척 정도에 종이로 바른 창이 있다. 온돌의 연기에 그을
려서 추녀건 기둥이건 벽이건 엉망으로 더럽혀져 있다."

VIEW OF SEOUL FROM
THE WALL.   *face p. 21.*

한 3-2 성곽에서 바라본 서울의 풍경(⑦)

　　서울은 궁궐과 성곽으로 이루어진 '계획된 도시'였다. 서울을 에워싼 산줄기를 타고 축조된 성곽 곳곳에는 도성을 출입할 수 있는 출입문을 만들었다. 서울을 가리키는 이름들 가운데 京城, 都城, 漢城, 皇城 등이 있다. 이런 이름들에 '城'자가 붙은 까닭은 서울이 성으로 쌓여 있기 때문이다. 도성이란 말은 서울을 가리키는 뜻으로 쓰이기도 하지만 좀 더 정확하게 말하자면 서울을 둘러싸고 있는 성곽을 가리키는 말이다. 그러나 1898년 전차가 놓이면서 興仁門(동대문)과 敦義門(서대문) 주위의 성곽 일부가 헐렸다. 일제는 도시계획이라는 미명 하에 도성 출입의 관문인 숭례문(남대문) 부근의 성곽을 파괴한 것을 비롯하여 돈의문(서대문)·혜화문 등의 주변 성곽을 모두 파괴하였다. 파손된 성곽은 1973년부터 부분적으로 복원되었다.

개화기 한국과 영국의 문화적 거리와 표상

MAIN STREET IN MODERN SEOUL.

To face p. 392.

한 3-3 근대적 서울의 대로(⑬)

　종로는 원래 도성 문을 여닫게 하는 종루(鐘樓)가 있었기 때문에 붙여진 이름이다. 종로는 조선시대에 한양의 동·서를 잇는 간선도로로서 가장 넓은 도로였다. 1899년 5월에 전차가 개통되면서부터 종로 거리는 하루가 다르게 변모하였고, 위 사진은 1905년의 종로 모습이다. 일제 때 이 도로는 이전보다 좁게(28m) 개수되었는데, 이는 일제가 한국인들의 상가가 밀집되어 있는 종로의 개발에는 별 관심이 없었기 때문이다. 따라서 종로는 '민족의 거리'로 불려졌다.

SEOUL—THE SQUARE BEFORE THE NEW PALACE

한 3-4 창경궁 앞의 광장(⑤)

세종 즉위(1419)에 부왕인 태종의 궁전으로 지어 수강궁(壽康宮)이라 명명한 것인데, 1483년에 '창경궁'이라 개명했고, 임진왜란 때 불탄 것을 1616년(광해군 8년)에 중건하여 오늘에 이르렀다. 본전인 명정전(明政殿) 일곽은 고려시대의 품격을 다분히 지니고 있는 것이 특색이다. 그러나 일제강점기에 전통적인 왕궁에 동물원, 식물원, 장서각(藏書閣)을 지어 관람객에게 개방시키면서 창경원(昌慶苑)이라 개명하였다.

한 3-5 서울의 관문(⑤)

　돈의문(敦義門), 4대문의 하나로 서대문이라고도 하며, 1914년 도시 계획으로 일제
에 의해 철거되었다. 전차가 가설되기 전인 문밖의 모습이다.

A GATE OF SEOUL

한 3-6 서대문(西大門)(⑥)

서울 4대문의 하나. 돈의문(敦義門)의 속칭이다. 조선 태조가 축성할 때는 서전문 (西箭門)이라고 칭하였는데, 1422년(세종 4) 2월 개수(改修)할 때에 이 문을 헐어서 막아 버리고 다른 장소에다 다시 돈의문을 지었다. 돈의문의 속칭은 서대문이 아니고 신문(新 門)이었는데, 이는 서전문을 폐하고 새로 쌓은 문이라는 뜻이다. 서대문은 위치상 마포 방면과 무악재 쪽에 있는 사람들이 도성을 드나드는 문이다. 광무 3년(1899) 5월에는 우 리나라 최초로 서대문~청량리간 전차가 개통되었는데, 전차 궤도의 부설로 서대문과 동 대문 부근의 성곽 일부가 철거되었다.

개화기 한국과 영국의 문화적 거리와 표상

한 3-7 고풍스런 서울의 거리풍경(⑦)

　　귀인(貴人)이 외출하는 것을 행차(行次)라고 했다. 양반집 아낙네가 나들이를 할 때는 반드시 가마를 탔다. 지체 높은 양반은 지붕 없는 가마인 평교자(平交子)를 타고 다녔다. 앞뒤로 교자를 드는 사람 외에 전도(前導) 및 배행(陪行)의 무리를 따르게 하는 규모 큰 행차도 있었으며, 이때 가마 탄 이는 파초선(芭蕉扇)으로 햇빛을 가리기도 했다.

생활과 문화의 풍속

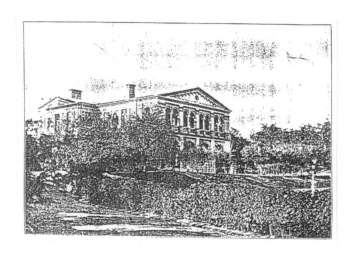

한 3-8 영국공사관(英國公使館) 건물(⑧)

　　덕수궁 북쪽 언덕 위에 있는 이 건물은 1890년 정초식을 갖고 1892년에 준공하였
다. 벽돌 2층의 조오지아風 저택 형식의 건물로서 박공부분을 페디먼트(padment)로 하
고 1 · 2층 2련(聯)아치로 연속된 베란다의 아테이드가 일품이었던 이 건물은 당시 정동
(貞洞) 일대에 양관(洋館)으로서 그 위용을 자랑했다고 한다. 이후 이곳을 중심으로 각국
공관이 설치되어서 정동은 1905년 을사늑약에 의해 조선과 서양 열강들의 공식 외교 관
계가 단절될 때까지 외교의 중심지 역할을 하였다.

개화기 한국과 영국의 문화적 거리와 표상

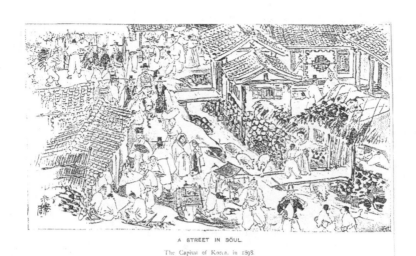

A STREET IN SŎUL.

The Capital of Korea, in 1898.

Drawn by KUBOTA Beisen.

한 3-9 서울의 거리(⑥)

서울의 큰 도로라 해야 종로와 육조거리, 남대문로일 뿐이고, 나머지는 소로(小路)로서 지붕과 지붕이 맞닿을 듯한 골목에 지나지 않았다. 1894년 한양을 방문한 비숍여사는 "넓다는 것이 마차 두 사람도 통과할 수 없고, 좁은 길은 한 사람의 지게꾼이 내왕을 막을 정도"라고 하였다.

생활과 문화의 풍속

STREET IN OLD SEOUL.
(From Stereograph Copyright, Underwood & Underwood, London.)

한 3-10 옛 서울의 거리(⑬)

　　한양은 전국에서 상거래가 가장 활발하던 상업도시였다. 서울토박이는 물론 외지
의 장사꾼을 포함해 실로 다양한 사람들의 하루 생활이 이루어지는 곳이 한강의 포구와
곳곳의 저자거리였다. 먼 곳의 물건은 한강으로 들어왔다. 전국 각처에서 만들어진 물건
들이 한강의 11개 나루에 내려지면 여각·객주가 이를 도매로 인수하거나 혹은 포구에
몰려든 장사치들에 의해 서울의 가가호호에 판매되었다. 한편 전국의 생산물이 거의 총
망라된 종로와 남대문, 동대문 안에는 거대한 상설시장이 형성되어 사람들이 끊임없이
이어졌고, 상인과 소비자 간에 생활용구와 각종 상품의 활발한 거래가 이루어졌다.

개화기 한국과 영국의 문화적 거리와 표상

한 3-11 인삼 포장하기(⑦)

고려인삼은 아시아의 극동 지방에서만 자생하는 약용식물로서 북위 30도에서 48도 지역인 한국, 중국, 러시아의 3개 지역에서만 산출되었다. 한국은 인삼의 본고장이었으므로 일반적으로 널리 보급되었어야 하지만, 일반 백성은 그 혜택은 커녕 도리어 그 징수와 주구(誅求)로 인하여 큰 고통을 당하였다. 인삼은 한정된 지역에서 생산되는 귀한 산물이었기 때문에 재배와 더불어 포장 또한 중요한 작업이었다.

한 3-12 그릇 가게(③)

주로 놋 제품을 많이 늘어놓아 유기전이라 하였지만 그 밖의 쇠붙이 제품도 잇다.
사진에서는 제사 촛대 불부리가 보인다.

한 3-13 서울의 잡화상(⑨)

신, 질그릇 등 일용잡화가 모두 구비되어있는,
소위 만물상이라고 말하는 잡화상의 모습이다.

A KOREAN HOTEL.

한 3-14 주막(酒幕)(②)

　　주막은 주사(酒肆)·주가(酒家)·주포(酒舖)라고도 불렸으며, 현대적 의미로 볼 때 술집과 식당과 여관을 겸한 영업집이라고 할 수 있다. 대체로 주막이 많이 분포되어 있는 곳으로는 장터, 큰 고개 밑의 길목, 나루터, 광산촌 등 이었다. 조선시대에 주막이 많기로 유명하였던 곳으로는 서울은 물론이고, 서울에서 인천으로 가능 중간 지점인 소사·오류동에 많았는데, 서울에서 출발하면 점심때쯤 그 곳에 도착하기 때문이었다. 그리고 영남에서 서울로 가는 문경새재에도 주막촌을 이루었다. 기록상으로 주막의 효시는 신라시대 경주의 천관(天官)의 술집으로 볼 수 있다. 김유신(金庾信)이 젊었을 때에 천관이 술파는 집에 다닌 것으로 기록되어 있다. 그러나 고려 숙종 2년(1097)에 주막이 등장하였다는 설도 있다.

개화기 한국과 영국의 문화적 거리와 표상

THE EATING HOUSE

한 3-15 식당(⑯)

　　원제는 'the eating house'(식당, 음식점)이지만 조선시대에 본격적으로 '식당'을 운영하는 곳은 주막이었다. '술막', 또는 '숫막'이라고도 불렀던 주막(酒幕)은 술을 파는 곳이다. 그러나 대게는 술과 함께 밥도 팔고 때로는 잠도 재워 주는 곳이다. 서울이나 평양 등의 큰 도시의 주막에서는 술만 팔았지만, 시골에서는 식당과 숙박업을 겸하고 있었다. 여행객들에게 식사와 숙소를 제공해 주는 곳으로는 주막 외에 역(驛)과 원(院)이 있었지만, 주로 공무로 여행하는 사람들이나 관리들이 이용했고, 일반인들이 주로 이용했던 곳은 역시 주막이었다. 그러므로 주막은 교통의 요지에 많았다.

생활과 문화의 풍속

KITE-FLYING

한 3-16 연날리기(⑯)

　　정월 초하루부터 대보름 사이에 주로 즐겼으며, 그 해의 재난을 멀리 보낸다는 뜻
에서 연줄을 일부러 끊어 띄우기도 하였다. 가오리연은 아주 어린 사람이 날리고 대게
는 방패연을 날린다. 한편, 연을 띄울 때 '송액영신'이란 글자를 붙이는데 이것은 나쁜
액운은 멀리 사라지고 복이 찾아오도록 비는 마음에서이다. 우리나라에서 연날리기가
널리 민중에게 보급된 것은 조선시대의 영조 때이다. 영조는 연날리기를 즐겨 구경했고
또 장려했다고 한다. 정월에 연날리기가 성행하게 된 연유 가운데 하나는 일년 사계절
중 이때가 연날리기에 가장 적당한 바람(북서풍)이 불고 있다는 점이다.

개화기 한국과 영국의 문화적 거리와 표상

SEE SAW

한 3-17 널뛰기(⑯)

　　마땅한 놀이 기구가 없었던 옛날에는 널뛰기가 소녀들에게는 가장 재미있는 놀이다. 그렇지만 어린 아이들에게는 위험할 뿐만 아니라 어려운 놀이었다. 큰아이들이 널을 뛰면 작은 아이들은 으레 가운데 올라서서 방해를 잘한다. 그러면 널뛰기는 그것으로 끝이 나곤 한다. 설날부터 시작된 널뛰기는 2월이 가도록 계속되었다.

THE SORCERESS DANCING

한 3-18 무당춤(⑯)

　　당시에는 동네마다 무당집이나 점쟁이집이 한두 집은 있었다. 점쟁이는 장님이 많았는데, 남자 점쟁이는 '판수', 여자 장님 점쟁이는 '여복(女卜)'이라 했다. 점쟁이는 주역을 이용해 점을 치기도 해 '주역선생'이라고도 불렀다. 여자 무당은 '만신', 남자 무당은 '박수'라 했는데, 이들은 점을 치고 굿을 하여 생계를 꾸렸다. 굿은 '푸닥거리'라고도 했는데, 굿을 하는 날은 동네 남녀노소가 모두 구경해 마을 잔치 같았다. 무당이 신이 나서 맨발로 작두 위에 올라서거나, 커다란 물동이 위에 올라가 한 바퀴 돌면 굿은 최고조에 달했다.

KOREAN DANCING-GIRLS : "LOVE's YOUNG DREAM." *(Instantaneous photograph.)*

한 3-19 사랑가에 맞춰 춤추는 한국의 무희들(②)

예인집단에는 사당패, 광대패, 남사당패 등을 대표로 들 수 있는데, 그림의 원제 해설 중에 여자 무희 두 명으로만 구성되었다는 설명을 보면, 여자들로만 구성되었다는 사당패인 듯하다. 사당패에는 사당과 짝을 이루는 거사들이 있다. 거사는 악기연주, 사당패의 뒷바라지, 사당의 허우채(몸값) 등을 관리하였다. 광대패는 재인청 출신의 무부 (巫夫)들이 떠돌이로 전환하여 이루어졌다. 따라서 이들이 가장 뛰어난 예술적 기능을 지녔고 공연 내용도 풍부하고 종합적으로 진행되었다. 광대들의 재주는 가곡, 판소리, 곡예, 가면춤, 검무, 꼭두각시놀이 등이 대표적이다. 그러나 광대와 같은 유랑집단은 1 년의 대부분을 유랑하였으므로 의식주의 해결이 매우 불안정하였다.

생활과 문화의 풍속

Photograph by]   [F. A. McKun

GESANG, THE GEISHA OF KOREA.

한 3-20 기생, 한국의 게이샤

기생은 고려 태조 때 노비가 된 백제 유민들 중 일부가 예자(藝者)로 행세한 데서
비롯되었다고 한다. 이런 연원에서 알 수 있듯 기생은 천한 신분이었으나, 가무에 능할
뿐 아니라 시서(詩書) 등의 교양을 갖추고 있었고, 지조를 소홀히 하지 않아 특별한 대접
을 받기도 했다. 일제에 의해 '왜각시(게이샤)'가 들어와 풍속이 변하기 전에는 기생에도
급이 있었다. 가무기예(歌舞技藝)와 법도에 능한 소위 "말하는 꽃(解語花)"이라는 일패
(一牌), 구한말 기생 출신으로 첩이 되었다가 도로 쫓겨나온 "은군자(隱君子)"라 불린 이
패(二牌), 그리고 더벅머리, 즉 매춘부를 일컫는 삼패(三牌)가 있었다. 조선시대에 기생
이란 대체로 일패 기생만을 쳐줬다고 한다.

개화기 한국과 영국의 문화적 거리와 표상

영 3-1

1877년에 촬영된 의자 수선공의 모습.

영 3-2

거리에서 생강케이크를 파는 노년의 상인(1884년)
아마도 케이크는 집에서 아내나 딸이 만들었을 것이다.

개화기 한국과 영국의 문화적 거리와 표상

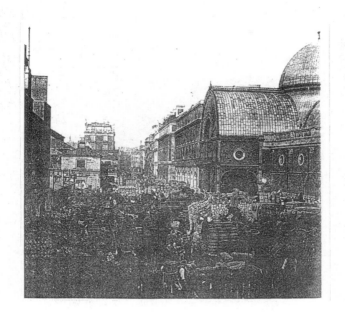

영 3-3

런던의 중심부에 위치한 시장(市場)인 코벤트가든(Covent garden)
이 사진에 나오는 시장 건물은 1904년에 완성되었다.
개설 당시 이 시장에서 일하는 짐꾼들만도 천명이 넘었다고 한다.

영 3-4

면직물로 유명한 랭카셔 지역의 시장 풍경(1892년)

개화기 한국과 영국의 문화적 거리와 표상

영 3-5

할리팩스(Halifax) 지역의
근대적인 내부 인테리어를 갖춘 시장 모습(1896년)

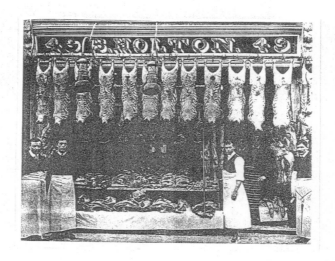

영 3-6

1910년경에 촬영된 해머스미스(Hammersmith) 지역의 정육점

영 3-7

런던에서 거행된 '킹즈웨이(Kingsway)'라는
도로 개막식 풍경(1905년)

생활과 문화의 풍속

영 3-8

이미 생활 속에 근대적 '레저'가
도입되었음을 보여주는 해수욕장 풍경(1909년)

개화기 한국과 영국의 문화적 거리와 표상

영 3-9

1890년, 랭커셔 지역의 해수욕장 풍경이다.
화면에 즐비하게 놓여 있는 것은 간이 샤워시설물이다.

영 3-10

템스 강에서 보트 놀이를 하는 영국인들, 야회활동에서도
여성들의 모습을 볼 수 있다. 1896년이다.

개화기 한국과 영국의 문화적 거리와 표상

영 3-11

템스 강에서 여가를 즐기는 영국인들의 모습
사진에 나오는 배는 가족 전용보트로 보인다. 역시 1896년이다.

영 3-12

1906년, 당시에도 영국 젊은이들이
가장 좋아하는 프로 스포츠는 축구였다.
사진은 축구장을 향해 가는 영국 젊은이들

개화기 한국과 영국의 문화적 거리와 표상

영 3-13

자전거를 배우는 여성(1885년)
자전거는 여성에게 운동의 자유를 제공했다.

영 3-14

연극 『햄릿』의 주연 배우의 망중한(忙中閑) 모습(1910년)

개화기 한국과 영국의 문화적 거리와 표상

영 3-15

피커딜리(Piccadilly) 거리에 있는 리츠(the Ritz) 호텔 앞의 풍경(1905년)
거리는 포장되어 있고, 그 위로 버스들이 다니고 있다.

생활과 문화의 풍속

영 3-16

워윅셔(Warwickshire) 지역의 농촌 부녀자들의 모습(1890년)

개화기 한국과 영국의 문화적 거리와 표상

영 3-17

윈더메어(Windermere) 호수 위를 다니는 페리선(1896년)

생활과 문화의 풍속

영 3-18

서퍼크(Suffolk) 지역의 '윈체스터 시'라는 이름의 구명선(1903년)

영 3-19

웨스터민스터 다리와 국회의사당 건물
20세기 초 런던의 평일의 일상적 모습을 볼 수 있다.

영 3-20

전차 다닐 수 있도록 터널을 뚫고 있는 거리

개화기 한국과 영국의 문화적 거리와 표상

영 3-21

퍼레이드를 벌이는 거리의 풍경

영 3-22

내무성, 외무성, 식민청 등 행정부서가 모여 있는
화이트홀(White Hall)의 전경(1901년)

영 3-23

1890년대 런던의 잉글랜드은행

영 3-24

런던 증권거래소와 그 앞의 거리 풍경(1890년)

개화기 한국과 영국의 문화적 거리와 표상

영 3-25

런던의 퀸빅토리아 거리(Queen Victoria Street)(1897년)

삶의 현장과
젊은 미래

4

SPADE-WORK.

(From Photograph Copyright, Underwood & Underwood, London.)

To face p. 308.

한 4-1 협동작업을 하는 사람들(⑭)

　　가래질은 토목 공사의 기본 노동이자 힘의 균형과 호흡과 타이밍이 잘 맞아야 능률이 나는 협동의 노동이다. 그래서 노동의 지루함보다는 호흡을 맞추기 위하려 흥얼거림이 나오게 된다. 보통 가래질은 세 사람이 하는 것이지만, 토질이 단단한 건축현장에는 여러 명이 동원된다. 말하자면 인력 포크레인인 셈이다. 가래에는 양쪽에 각각 고리가 달려 있고, 그 고리에 새끼줄을 매어 양쪽에서 호흡 맞추어 가며 당겨주어야 한다. 간혹 가래가 없을 때는 보통 삽의 목에다 새끼줄을 매어 쓰기도 한다. 사진은 상투 머리에 흰 수건을 쓴 것으로 보아 1895년(고종 32년) 단발령이 내려지기 이전의 것으로 보인다.

한 4-2 농부(⑯)

조선조에는 농업에 종사하는 사람이 가장 많았다. 국가의 경제력이 농업을 바탕으로 하였으므로 대부분 농업경제의 범위에서 살았다. 농사일이 가장 바쁜 시기는 춘분에서 추분 사이였다. 농부는 여러 종류의 농사일에 전념했지만 벼농사를 가장 중요하게 여겼다.

개화기 한국과 영국의 문화적 거리와 표상

THE FARRIER.

한 4-3 편자공(③)

말의 편자를 손보고 있는 편자공

삶의 현장과 젊은 미래

SHOES AND SHOEMAKERS

한 4-4 신발 만드는 장인(⑯)

가내 수공 형태의 신발 만드는 장인들

개화기 한국과 영국의 문화적 거리와 표상

COREAN COSTUMES

MERCHANT & WIFE.   CHILDREN & HOUSE.

한 4-5 상인과 그 부인(①)

원제는 "한국의 옷 : 상인과 부인, 아이들과 집"이다.
전체적으로 화목한 가정처럼 보이게 묘사했다.
당시 상인계층의 신분상승을 보여주는 듯하다

한 4-6 심부름꾼과 탁발승(⑦)

원래 이 그림은 한국인의 머리 모양을 설명하기 위해 그려진 것이다.
왼쪽 아래가 심부름꾼이고, 그 옆이 탁발승이다.

개화기 한국과 영국의 문화적 거리와 표상

POSTMEN OF THE PRESENT.   POSTMAN OF THE PAST.

한 4-7 현재와 과거의 우체부(⑫)

　일제는 1910년에 통감부 통신관리국을 조선총독부 통신국으로 그 명칭을 바꾸었다. 당시 전국적으로 53개소의 우편국과 10개소의 우체소 등 495개의 우편기관이 있었다. 경성우편국은 1915년에 건립되었으며, 르네상스식의 웅장하고 화려한 건물이었다. 경성우편국은 1939년에 경성중앙우편국과 경성중앙전신국으로 나뉘어져 우편업무를 중심으로 취급하게 되었다.

MR. KIM XUI HAI, LATE INTERPRETER TO
MR. McLEAVY BROWN.

It is perhaps fair to mention that Mr. Kim did not
consider this sketch to be a pleasing representation
of his person. On its being shown to him he
murmured melfully: "And am I all the same like
that?"

Face p. 119.

한 4-8 통역관 김규해(⑦)

    역관은 외교상 통역의 업무를 담당한 관리이다. 조선왕조의 외교는 사대교린(事大
交隣)을 기본정책으로 중국과 일본, 여진 등을 상대하였다. 사대교린에 관한 업무는 예
조와 승문원에서 담당했지만, 통역이라는 문제로 사역원(司譯院) 소속의 역관이 동원되
었다. 개화기에 접어들어 역관들의 필요성은 매우 커졌고, 그 가운데에서 특히 서양말을
하는 역관은 매우 절실했다. 윤치호는 1883년 한국인 최초로 영어를 통역 할 수 있는
인물이었다.

개화기 한국과 영국의 문화적 거리와 표상

Photograph by]   JOURNALISM IN KOREA : A GROUP OF SUB-EDITORS.   [F. A. McKenzie

한 4-9 신문사의 풍경(⑪)

짚신에 한복 차림으로 문선에 임하고 있는 문선부 문선공들의 모습을
담은 사진이다. 근대적 직업의 세계가 생겨나고 있음을 보여주는 사진이다.

한 4-10 신문사 편집실의 풍경(⑪)

　　이 사진은 1905년 7월 18일에 창간된 대한매일신보 창간 당시의 편집국과 기자들의 모습이다. 우리나라 신문은 1883년에 발행한 한성순보(漢城旬報)가 처음이라 하겠다. 한성순보는 순한문으로 되어 있었으나 외국의 사정을 알리고 개화사상을 보급하는데 중요한 역할을 하였다. 그러나 갑신정변으로 한성순보를 발행한 박문국이 파괴되어 폐간되었다. 이후 정부는 1886년 1월에 한글과 한문을 혼용한 한성주보(漢城周報)를 발행하여 민중들도 쉽게 읽을 수 있게 하였으나 1888년 7월에 폐간되었다. 그러다가 1896년에 서재필이 중심이 되어 독립신문을 발간하였다. 독립신문은 순 한글로 발간하여 민중들도 쉽게 읽고 이해할 수 있도록 하였으며, 또 영어로도 발간하였다. 이어 1898년에는 매일신문·제국신문·황성신문 등이 창간되어 본격적인 신문의 시대로 접어들었다.

개화기 한국과 영국의 문화적 거리와 표상

A COURT OF JUSTICE.

To face p. 187

한 4-11 재판을 보는 관아(⑬)

　관아(官衙)는 조선시대 고을 원의 관저이자 집무처이기도 하다. 고을의 크고 작은 공무를 여기서 보았다. 사진은 송사(訟事)를 처리하는 광경으로써 동헌의 고을 원 앞에서 재판이 벌어지고 있다.

FORTURING A WITNESS.

한 4-12 목격자를 고문하는 광경(⑧)

조선시대의 형벌로는 '태·장·도·유·사'라는 다섯 가지가 있었다. 회초리로 볼기를 치는 태형(笞刑), 곤장으로 때리는 장형(杖刑), 이 두 가지가 조선의 체형(體刑)이었다. 도형(徒刑)과 유형(流刑)은 귀양살이 하는 형벌이었다. 사(死)는 사형을 말한다. 위 사진은 주리를 트는 모습을 담은 것이다.

Photograph by]   [F. A. McKenzie
SOLDIERS OF THE OLD KOREAN ARMY AROUND THE PALACE, SEOUL.

한 4-13 궁궐 주위의 군인(⑦)

궁궐 수비 병력은 일차적으로 왕권을 보호하는 임무를 맡았다. 또한 궁궐은 외국 사신들이 드나들고 백성들이 우러러보는 곳이므로 수비 병력은 무력을 과시하는 의장병으로서의 성격도 겸하였다. 대궐문을 지키는 수문병을 비롯하여 정전 주변에 근무하는 병력들은 무술 실력이 뛰어날 뿐만 아니라 출신 성분과 신체조건도 우수하였다.

THE PALACE GUARD.   *From p. 14.*

한 4-14 궁궐의 수비병(⑦)

　　1876년 개항 이후, 조선정부는 새로운 국제환경에 적응하기 위하여 정부조직을 개편하고 근대화정책을 펼쳤다. 군사제도의 개혁이 우선적으로 추진되었다. 정부는 일본식 훈련을 받는 신식군대인 별기군(別技軍)을 창설하고, 예전부터 있어 왔던 구식군인들은 상당수 해고하였다.

개화기 한국과 영국의 문화적 거리와 표상

THE SCHOOL—OLD STYLE

한 4-15 서당(①)

    서당은 보통교육을 담당하는 일종의 사설교육기관으로서, 학생들은 훈장의 지도 아래 천자문과 동몽선습·명심보감 등을 배웠다. 조선시대 서당은 초등교육기관의 역할을 하였다. 따라서 서당을 마친 후에 사학(四學)으로 진학하였고, 이후 사학을 마치고 성균관으로 진학하였던 것이다. 개항 이후 근대적 교육이 실시된 이후에도 서당은 보통교육기관으로서 계속 존재하고 있었다.

A VILLAGE SCHOOL.

한 4-16 마을 서당에서 수업 받는 아이들(⑬)

서당은 글방으로써 여섯 살을 전후한 아이들이 다니는, 글자를 깨우치게 하는 조선시대의 초등교육기관이었다. 『천자문』, 『동몽선습』, 『통감』을 비롯해서 『소학』을 배우며 운율적인 소리를 내어 반복적으로 읽게 하여 외우다시피 하는 것이 공부의 특징이다. 이렇게 해서 천자문을 한 권 다 떼면 「책거리」, 「책씻이」라고 하여 책을 뗀 학동의 집에서 푸짐하게 음식을 장만, 서당으로 가져와 훈장은 물론 동접들은 모아「책씻이 잔치」를 벌리고 축하를 했다.

GROUP OF DAY-SCHOOL CHILDREN.

한 4-17 신식학교에서 수업 받는 학동들(④)

조선 말엽 1870년대에 들어와서 외국과 수교를 맺고 문호를 개방하자 서구의 새로운 문물이 도입되면서 근대화 교육이 시작되었다. 근대적 학교의 설립과 운영은 1883년에 설립된 동문학(同文學)으로부터 비롯되었다. 그러나 동문학은 국가에서 세운 일종의 통역관 양성소의 구실 정도였다.

1866년 정부가 미국인 교사 헐버트, 길모어, 벙커 등 3명을 초빙하여 세운 육영공원(育英公院)과 미국 선교사가 세운 배재학당(1885), 이화학당(1886)이 근대식 교육의 첫 출발이었다. 이어서 경신학교·정신여학교 등이 설립·운영되었다. 이후 선교사가 세운 학교들과 더불어 국가 위기를 교육 구국사상으로 극복하려 했던 많은 선각자들에 의해 수많은 사립학교들이 설립되었다.

SCHOOLS OLD AND NEW

한 4-18 학교(⑯)

1905년 굴욕적인 을사늑약이 체결되자 이를 분통하게 여긴 국민들은 여러 가지 방법으로 국권(國權)을 회복하기 위해 노력하였다. 그 중 한 가지가 바로 교육을 통해 민중을 각성시키고, 인재를 양성하여 국력을 신장하는 것이었다. 이에 국권회복의 차원에서 사립학교 설립 운동이 활발하게 일어났다. 이에 영향을 받아 1905년에 설립된 사립학교로는 양정의숙과 보성전문학교·중앙고등학교를 들 수 있으며, 이후 1906년에 휘문의숙·진명여학교·숙명여학교 등이 설립되었다.

영 4-1

화훼농장에서 일하는 농부(1891년)

삶의 현장과 젊은 미래

영 4-2

켄트지역 과수원(1904년)

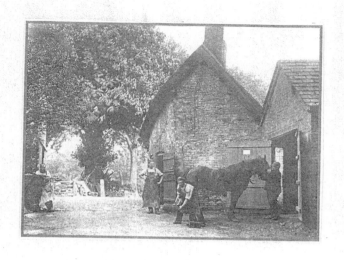

영 4-3

체셔(Cheshire)지역의 대장간(1896년)

영 4-4

공항기의 농촌 풍경(1874년)

개화기 한국과 영국의 문화적 거리와 표상

영 4-5

재래식 농기구를 이용하여 농사를 짓는 농부들(1885년)

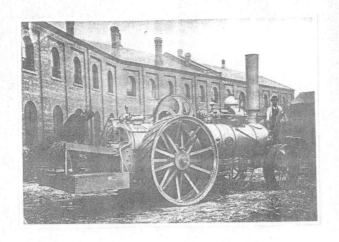

영 4-6

기계화 영농을 하고 있음을 보여주는 영국의 농촌(1885년)

개화기 한국과 영국의 문화적 거리와 표상

영 4-7

햄프셔(Hampshire)의 우체부(1904년)

삶의 현장과 젊은 미래

영 4-8

더번(Devon)의 우체부(1907년)

개화기 한국과 영국의 문화적 거리와 **표상**

영 4-9

도시(Surrey)의 우체국 전경
우편의 발달은 영국민의 정체성 형성에 일조하였다.

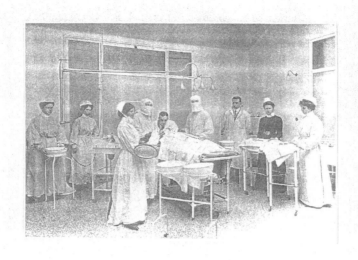

영 4-10

병원의 수술실에 있는 의사와 간호원들(1910년)

개화기 한국과 영국의 문화적 거리와 표상

영 4-11

영국을 애국주의의 열광상태로 만들었던
보어전쟁(Boer War, 1902년) 당시의 영국군

영 4-12

세인트폴 성당 앞에 서있는 영국군(1902년)

개화기 한국과 영국의 문화적 거리와 표상

영 4-13

사적 영역에서 벗어나 공적 영역인 직장에서
일하기 시작한 여성들의 모습(1907년)

영 4-14

10세기말 영국의 전형적인 공장의 모습과
그곳에서 자전거를 만드는 노동자들의 모습(1890년)

개화기 한국과 영국의 문화적 거리와 표상

영 4-15

1908년 영국의 초등학교(1908년)

삶의 현장과 젊은 미래

영 4-16

19세기 말 기숙학교의 학생들 모습

개화기 한국과 영국의 문화적 거리와 표상

영 4-17

거의 완성된 도시화의 모습을 보여주는
1890년대 블랙풀(Blackpool) 해안지대

영 4-18

과학 수업을 받고 있는 학생들(1909년)

개화기 한국과 영국의 문화적 거리와 표상

영 4-19

거리의 아이들(1910년)

삶의 현장과 젊은 미래

영 4-20

아이스크림을 먹는 그린위치 지역의 아이들(1884년)

개화기 한국과 영국의 문화적 거리와 표상

부록

개화기 한국과 영국의
교류사 연표

1604.	Edward Michelborn卿이 韓·中·日과의 무역 면허장을 획득함.
1614.	李晬光(1563-1628)의 著書, 『芝峯類說』卷2. 諸國部에 永結利國은 "左極西外洋 以舟爲家……"라고 英國을 소개함.
1617.	東印度會社 商人 Richard Cocks는 日本 平戶에서 江戶로 여행하며 朝鮮通信使의 행차를 보고 使節團長과 무역에 관한 상담을 희망하였으나 뜻을 이루지 못함.
1617.	영국인 로버트 콕스(Robert Cocks)의 1617년 일기에서 처음으로 한국이 'Corea'로 기술된 것을 근대 영문 명칭의 효시로 보고 있다.
1797.	船長 W.R.Broughton(1772-1821)의 船舶이 東萊 龍塘浦에 寄着하였으나 慶尙觀察使 李亨遠의 退去令을 받고 떠남.
1797.10.4	Captain Broughton의 Providence號가 元山에 寄着 하여 泳興灣을 Broughton Bay라 命名하고 沿海州까지 航海함. 그 후 유럽인의 地圖나 航海圖에 그대로 通用됨.
1799.10. 브로튼	브로튼 선장-자발적인 입항을 통해 내륙에서 조선인들을 직접 접촉한 최초의 서양인.

英國軍艦 프로비덴스(Providence)號의 브로튼(W.R. Broughton) 선장이 釜山에 寄着, 東海岸을 探査하면서 元山灣을 브로튼 베이(Broughon Bay)라 명명함. [브로튼이 부산과 동해안을 탐측한 것은 1797년(정조 21) 9월임].

1797.10.　　부산 용당포 해안에서 조선인들과 수일간 접했던 영국의 브로튼 선장은 귀국 후 발간한 그의 항해기 속에서 조선의 모자에 대한 호기심 보임. "도포를 착용한 관리들은 가운데 가 높이 솟은 커다란 검은 모자를 쓰고 있었으며, 이 모자 의 지름은 3피트나 되었다. 군인들은 깃털로 장식된 모자 를 썼다."

귀국 후 발간한『북태평양 탐험기』속에 조선에서의 체험 담과 우리말 어휘가 소개되어 있다. 또 진달래, 초롱꽃 등 채집한 여러 식물명이 수록되어 있는데, 이는 한국 식물을 전문적으로 채집한 최초의 서양 기록이다. 그러나 아쉽게 도 조선의 풍물이 담긴 삽화는 발견되지 않았으며, 다만 동 해안과 부산항에 대한 해도가 전해질 뿐이다. 그러나 부산 항 해도에도 의사소통이 제대로 되지 못해 그들은 부산항 을 '조선항'이라고 기록하고 있다. 이들은 당시 조선 정부의 강력한 제지로 인해 해안가 일부 지역에서 아주 제한된 관 찰이 이루어졌으며, 더욱이 조선인들이 접촉을 가능한 회 피하였기 때문에 극히 한정된 모습을 보는데 그치고 말았 다. 그러나 조선 관리들이 내륙 진입을 엄격히 통제했던 반 면에 식수와 같이 필요한 물자 공급에는 최대한 호의를 베 풀면서 인도적인 태도를 보였다고 한다. 그들의 방문 내용 을『정조실록』(21년 9월 6일)에서도 찾아볼 수 있는데, 이 것은 우리나라 사람이 영국 해군을 만난 사실을 밝혀 주는 공식적인 첫 기록이기도 했다.

1816.　　Basil Hall 船長이 이끄는 英船들이 韓國 西海岸을 航海, 上 陸하였으나 敵對的 待遇와 즉시 退去를 당함.

개화기 한국과 영국의 문화적 거리와 표상

| 1817. | | 영국 탐험대의 항해기 속에서 직접 접촉에 의한 한국인의 모습이 처음 채색 판화로 소개되었는데, 조선인들의 뾰족하고 커다란 검은 색 모자가 유달리 눈에 띄게 묘사되어 있다. 그러나 여기에 나타난 조선인들의 얼굴은 코가 큰 서양인의 모습을 하고 있는 등 우리의 모자 문화를 인식하기에는 한계가 있었으며, 단지 매우 신기한 느낌만을 체험하는 수준이었다. |

구한말 풍물을 그렸던 영국 여류화가 엘리자베스 키스는 "우산용 모자가 지닌 기발한 아이디어는 한국 이외에 어느 나라에서도 찾아볼 수 없다. 비가 내릴 때도 주위를 자유롭게 바라보면서 여유 있는 시간을 보낼 수 있는 기막힌 명품"이라며 감탄했다.

1818.9.1-10. 　바실 홀

영국 바실 홀(Basil Hall) 艦長은 軍艦 알세스트(Alceste)號와 리라(Lyra)號를 이끌고 朝鮮 西海岸(馬梁鎭)에 도래. 최초로 방문한 群島(白翎島)를 에딘버러 地理學會長의 이름(바실 홀의 아버지)을 따서 「서 제임스 홀」(Sir James Hall)이라 命名함.

그는 白翎島民과 교섭을 벌이면서, 그의 방문기에 揷圖를 넣어 기록하였음. 클리포드入口(CliffordInlet) · 바실灣(Basil's Bay, 郡山灣) · 머리海峽(Murray Sound), 그리고 기타 허튼스(Huttons) · 헬렌스(Helens) · 윈저城(Winsor Castle) · 몬트리올(Montreal) 등 諸 群島 등으로 명명함.

1832.7.17

Amherst號가 忠淸道 洪州牧 古代島 後洋에 (1개월간)來泊함. 이는 東印度會社의 指令을 받고 商路探索次 航行하였는데, 이 배에 Prussia 人 Karl Fr. A. **Gutzlaff 가 同乘하여 漢譯 聖書를 配付 전도함.**

1832. 　로드 　앰허스트號 　귀츨라프

英國 商船 로드 앰허스트(Lord Amherst)號가 朝鮮을 방문했는데, 동승한 宣敎師 귀츨라프(Karl, F. Gützlaff, 郭實獵 독일인)는 全羅道에 1개월간 滯留하면서 **종교서적 · 위약품**

부록 : 개화기 한국과 영국의 교류사 연표

		·種子(감자) 등을 配布 하였음. 그는 全羅道民에게 감자씨 앗을 전하면서, 그 蓺蘦方法 栽培方法을 전수함.
1840.12.30		英國 船舶 2척이 濟州牧 摹瑟浦 加波島에 來泊,「敢肆放砲 至有劫掠牛畜」事故로 牧使 具載龍이 罷免處罰됨.
1845.6.	벨처 사마랑호	벨처(Edward Belcher) 함장은 영국 군함 사마랑 (Samarang)號를 이끌고 濟州道(Quelpart)·거문도(Port Hamilton) 그리고 기타 朝鮮 西南海 一帶를 1개월간 탐측하였음.[그는 여기서 거문도를 Hamilton이라 분명히 명명했으나, 1653년 네덜란드人이 표류했을 때는 Quelparet(濟州)로 알려졌음. 이보다 앞서 네덜란드인에 의해 탐사되었을 가능성이 있음]
1845.6.25		영국의 해군 함장 벨처가 지휘하는 사마랑호가 1845년 6월 25일부터 7월 말까지 제주도 부근과 거문도 일대를 탐사했다. 벨처는 그의 항해 체험을 1848년 2권의 항해기로 출간했는데, 이 책에 그가 만났던 제주도 관리와 주민들의 모습이 담긴 삽화 2점이 수록되어 있다.
1845.6.29		영국선 Samarang號 제주도로부터 흥양·강진 근해에 출몰하여 허가 없이 측량을 행함. 선장은 E.Belcher
1845.7.6		거문도에 도착하여 4일간 측량. 이 섬을 해군성 차관의 이름을 따서 '해밀턴 항'이라고 명명. 이후 거문도는 전략적 요충지로 부상되어, 특히 1885년부터 23개월간 영국 해군이 러시아의 남하를 견제하기 위한 목적으로 무단 주둔하기도 했다.
1849.		영국 1849년 조선에 관한 가장 정확한 지도를 발간.
1855.	실비아號	실비아(Sylvia)號가 釜山에 寄着. 존(H. C. John) 艦長은 한 土着民이 닭을 외국인에게 팔았다는 죄로 笞刑을 받는 장

개화기 한국과 영국의 문화적 거리와 표상

면을 목격함.

1862.	佛·英·露 開港交涉	프랑스·러시아·英國 등 열강이 日本의 중재로 朝鮮과 開港 交涉을 기도했으나 실효를 거두지 못했음.
1865.		Thomas(崔蘭軒) 牧師가 韓國語를 익히고 宣敎차 白翎島에 上陸하여 2개월간 머물었다가 中國으로 歸還
1866.	外國人	러시아·프랑스·英國·美國·獨逸 등 구미제국이 朝鮮을 개항시킬 목적으로 한 때 상륙하였으나, 아무런 성과를 거두지 못했음.
1866.2.12(음)		英國 商社 所屬 英國人 船長 Morison이 이끄는 Rona호는 Oppert를 同乘시키고 忠淸南道 牙山灣에 來着, 海美縣 調琴鎭 前洋에 碇泊.
1866.2.13(음)		平薪僉使 金泳駿과 海美縣監 金膺集에게 大英國 商人이라 내세우고 通商修好를 交涉하였으나 失敗하고 同月 15日 退去함.
1866.7.11-24		영국인 Meadows 商社와 Thomas(崔蘭軒)가 同乘하여 大洞江口를 거슬러 올라와 平壤境內에 侵入 投描하여 衝突燒死함.(崔蘭軒事件)
1866.6.	오페르트	獨逸系 美國人(商人) 오페르트(Ernest Oppert, 載拔)가 英國船 로나(Rona)호를 타고 朝鮮 西海岸을 방문함. [忠淸道 海美縣 西面 調琴津에 옴].
1866.7.29	제너럴셔먼 號事件	美國 스쿠너船 제너럴셔먼(General Sherman, 然那能而沙滿)號의 船主 프레스톤(Preston)은 朝鮮에서 팔릴 貨物을 적재하고 天津을 出航 朝鮮으로 향발함. 제너럴셔먼號는 장마비로 강물의 漲溢을 이용 大洞江을 遡上, 平壤에 도달했으

부록 : 개화기 한국과 영국의 교류사 연표

나, 水量이 줄어들자 回航하지 못함. 셔먼號는 燒破되고, 船員 전원이 몰살됨. [영국선교사 토머스(R. J. Thomas 崔蘭軒) 목사 선교를 위해 동승함]

1866.8.	엠퍼러號 오페르트	英國船 엠퍼러(Emperor)號 船長 제임스(James)[사실 James Morrison(馬力勝)임]는 오페르트를 동반, 漢江河口(江華海峽)를 탐측하였음.
1867.		오페르트 著, 『禁斷의 나라 : 韓國紀行』英文版이 런던에서 간행됨.
1875.		駐日英國公使 Harry Parkes(巴夏禮)가 거문도(Hamilton Port)를 英國이 對露 布石으로 점거하도록 권고함.
1876.5.		駐日英國公使가 1875년 10월, 英船이 救出한 遭難한 韓人 1명을 제 1차 修信使 金綺秀가 東京 滯在中 日本 外務省을 통하여 인도하여 송환함.
1876.8.24	실비아號 스윙거號	英國船 실비아(Silvia)號와 스윙거(swinger)號가 慶尙道 海岸을 測量함. 英國船 바바라 테일러(barbara Taylor)호가 濟州道에서 난파되었으나, 船員들 모두 救濟됨. 長崎 駐在 英國 副領事 폴(E. B. Paul)이 濟州島로 파견, 英國船員 救濟에 대한 감사의 뜻을 전함.
1877.		英軍艦 Sylvia호와 Swinger호 등이 測量調査次 慶尙道에 파견됨. 英船 Barbara Taylor호가 朝鮮 近海에서 좌초되어 구조된 件에 감사 차 駐日公使가 館員 1명을 즉시 釜山에 파견하여 謝意를 표명하는 한편 수호 의사도 타진.
1880.		駐淸英國總領事館 事務擔當者의 一員이 Genoa公 隨行團의 非公式 韓國 訪問에 끼어 韓國에 對한 새로운 興味를 喚起. 로스, 『韓國의 歷史·風俗·習慣』을 英文으로 간행함.

개화기 한국과 영국의 문화적 거리와 표상

1881.1.		駐淸英國公使, Thomas F. Wade(威妥瑪)가 防俄策을 論하여 韓國에 紹介·斡旋해 주도록 희망함.

1881.3.19

영국 주간지 『런던 화보 뉴스』[일본 기선 다카 사고마루호에 승선하여 조선으로 귀환하는 조선 수신사 일행의 모습 수록. 당시 배에 동승했던 영국의 저명한 기행화가 조셉 벨이 배 안에서 휴식을 하고 있는 조선 외교관의 모습을 스케치함. 1880년 8월 4일(음력) 일본을 출발해 부산을 향하는 선상에서 만난 조선 수신사 일행을 보고서 호기심이 발동하여 그림을 그렸다고 밝히고 있음.

1881.5.21-28   英國   英國船 2척이 來航, 艦長은 通商立約交渉을 시도함.
                立約交渉

1881.6.7   페가서스號   英國船 페가서스(Pegasus)호가 원산에 來航, 艦長은 통상교섭을 요구함.

1881.6.7   영국군함 Pegasus호가 원산에 와서 통상을 요구함.

1881.11.30   이홍장이 김윤식과 회담할 때 英國公使가 韓國에 소개해 달라는 청탁이 있었음을 밝힘.

1882.3.21   영국공사 Wade가 이홍장에게 한·영 수교 알선을 청탁하여 드디어 승락을 받고 사무적인 처리는 淸 張樹聲에게 위임함.

1882.4.11   英使 G. Willis(韋力士)가 Vigilant호로 제물포에 도착, 淸의 鄭汝昌·馬建忠이 그를 朝鮮 정부에 소개하여, 全權大臣 趙寧夏, 副官 金弘集, 從事官 徐相雨 등과 상담을 개시.

1882.봄   존·로스 牧師·白鴻俊·金鎭基 등 改新敎人이 奉天에 인쇄소를 設備하고 누가福音·요한福音을 번역하여 간행함.

부록 : 개화기 한국과 영국의 교류사 연표

1882.4.21		Willis 提督의 韓·英本條約 14개條가 조인되고 別途 3項目을 照會形式으로 認定·聲名토록 함.
1882.5.30		大朝鮮國 大君主 명의로 大英國 大君主에게 朝鮮의 自主國 聲名을 통보함.
1882.6.5		大英國特派全權大臣 George O.Willis가 보낸 朝英通商條約 追加 3條의 確認·聲名을 大朝鮮國義約全權大臣 趙寧夏·金弘集이 접수함.
1882.6.6	英國 韓英條約	영국 해군제독 윌리스(George O. Willes)는 애쉬톤(William G. Aston, 阿順頓 長崎 駐在 英國 領事)을 대동 내한, 제물포에서 韓·英修好通商條約을 체결함. 그러나 英國 政府는 本條約 批准을 보류함. [1882년 6월 6일에 윌스·趙寧夏·金宏集 사이에 체결된 韓英條約은, "韓·日通商章程을 따르며 英國의 貿易과 英國民의 地位 保障에 불리하다"는 이유로 批准을 보류함].
1882.6.6		英國 朝野의 불만으로 Wills의 韓英條約締結批准을 정기하고 巴夏禮(Harry Parkes)卿이 새로운 條約 締結을 위하여 商談이 시작됨.
1882.7.23	壬午軍亂	日本公使館이 亂軍에 의해 파괴됨. 日本公使館員 7명이 朝鮮 開化派 人士[여기서 말한 開化派란 大院君의 失脚을 가져온 國王을 비롯한 閔氏 戚族의 開國·開化派 人士를 가리킴]와 함께 살해되고, 花房公使는 제물포로 탈출하다가 도중에 館員 5명이 실종됨. 花房公使 一行은 仁川 앞바다에서 探測 작업하던 영국선 플라잉 피쉬(Flying fish)號에 의해 구조, 日本으로 송환되었음.
1882.9.2		『런던 화보 뉴스』「조선 정부와의 조약 체결」같은 해 6월 6일 제물포에서 있었던 한영수호통상조약 체결 장면이 수

개화기 한국과 영국의 문화적 거리와 표상

록됨.

1882.9.22	駐中英欽差大臣 서리 歐格訥 Nicholas R.O'conor로부터 朝英條約批准奏請回答이 大朝鮮國欽差全權大官 趙寧夏·副官 金弘集에게 옴.
1882.10.	駐日英國 長崎 領事代理 John Carry Hall이 새로운 條約締結 조건과 開港場으로 선정할 적당한 장소에 관하여 보고하도록 韓國에 파견됨. **大英聖公會 宣敎事業을 韓國에서 시작함.**
1883.3.9	駐日英國領事 阿順頓 W.G Aston 代派 및 交涉事項通告와 周旋依賴가 大英國特命全權駐箚日本東京公使 巴夏禮 Harry Smith Park로부터 大朝鮮國議政府領議 洪淳穆에게 오고, 또 同日字로 英國公館 基地 等의 選定 依賴와 交涉公法의 尊重要請이 督辦交涉通商事務 趙寧夏에게 옴.
1883.4.28	駐日英欽差大臣 巴夏禮로부터 朝英條約交換期日의 연기를 督辦交涉通商事務 閔泳穆에게 요청함.
1883.5.15	督辦交涉通商事務 閔泳穆으로부터 駐日英欽差大臣 巴夏禮에게 朝英條約 交換 期日延期 件의 調印 完了 回答을 함.
1883.7.	大韓聖公會 設立
1883.7.	영국인 T .E. Hallifax를 官立英語學校 英語敎師로 초빙함.
1883.10.1	핼리팩스 同文學開校 영국인 핼리팩스(Halifax, 奚來百士)는 2개월 전에 묄렌도르프에 의해 개설된 同文學, 즉 英語學校(English Language School)의 책임을 맡음. 동시에 미국에서 교육을 맡은 中國人 留學生 唐紹儀(S. Y. Tang)를 교사로 채용함.[同文學은 이홍장이 파견한 묄렌도르프의 제의로 설립한 英語學校이며, 핼리팩스 學校(Mr. T. E. Halifax's School for Interpreters)라

부록 : 개화기 한국과 영국의 교류사 연표

		고 불리며, 同文學은 1886년 9월 23일에 설립된 育英公院의 전신임]
1883.10.8		駐中英欽差大臣으로 轉任된 巴夏禮가 朝英條約의 再議定 및 所要節次의 豫備 요청을 함.
1883.10.28	파크스와 자페	英國 파크스卿(Sir Harry S. Parkes, 巴夏禮)과 자페(Edward Zappe, 擦貝) 橫濱駐在獨逸總領事가 朝鮮과의 立約交涉次 서울에 도착함.
1883.11.26	韓英條約	파크스가 기초한 韓·英修好通商條約이 서울에서 체결됨. [英國全權大臣 파크스·朝鮮全權大臣 閔泳穆].
1883.11.26		韓·英修好通商條約 全文 13條를 全權大臣 閔泳穆과 英國全權大臣 Harry Smith Parkes(巴夏禮)가 서울에서 조인함. 또한 韓英修好通商條約附屬通商章程과 韓英修好通商條約稅則·稅則章程 3款 및 善後續約 3項目이 조인 완료됨.
1883.11.27	祝宴	英國全權特使 파크스와 獨逸全權特使 자페에게 修交祝賀宴을 베풂. 이 祝賀宴에서 獨逸 軍監 라이프찌히(Leipzig)호의 군악대가 군악을 연주함.
1883.11.27		Parkes卿은 朝鮮 國王을 알현하고 漢江 下流에서 船便으로 北京을 향해 떠남.
1883.11.29		Parkes로부터 閔泳穆 督辦交涉通商事務에게 제물포 租界適合地點의 通告 및 事前 措置를 요청함.
1884.	자딘매디슨 商社	이미 前年에 朝鮮 政府와 체결한 協約에 따라, 英國 자딘매디슨 商社[怡和洋行]는 長崎 釜山 경유 上海-仁川 間 汽船航路를 개설.[清 招商局汽船] 3週間마다 1回 定期 왕복 취항. 汽船은 난징(Nanzing)호이며 船長은 발버니(Balbirney)임.

개화기 한국과 영국의 문화적 거리와 표상

자딘 매디슨 商社는 仁川의 淸國 居留地 인근에 기선을 정박시키고 지배인 클라크(Brodie Clark)의 私邸, 事務所, 창고용 부지를 확보함. 이 商社는 砂金 採取를 위해 美國人 비처(Beecher)를 雇傭함. 이 두 企業은 朝鮮 政府의 協助不足으로 말미암아 원활한 발전이 없었음.

1884.2.28		英國 Victoria女王으로부터 朝鮮 國王에게 朝英通商條約批准國書가 來到.
1884.3.	칼스	英國臨時副領事 칼스(W.R. Carles, 賈禮士) 仁川 착임, 1885년 6월 6일까지 주재함.
1884.4.26	파크스	파크스卿 내한함. 2월 27일 駐箚朝鮮英國特命全權公使로 임명되어 1885년 3월 23일까지 재임함.[파크스全權公使는 總領事 애스톤에게 全權을 위임하고 4월 17일 仁川을 떠나 北京으로 귀임함]
	애스톤	애스톤(W.G.Aston, 阿順頓) 駐箚朝鮮臨時總領事에 임명되어, 1886년 10월 22일까지 주재함.(3월 17일 도착함)
	스코트	스코트(James Scott, 薩允格) 輔佐官 뒤따라 착임함.
1884.4.28	韓英條約 英國公使館	韓·英修好通商條約 批准文書 교환함. 英國公使館(처음에는 總領事館임)이 현 정동에 개설됨. 현재의 벽돌 建物이 起工(정초)된 것은 1890년 7월 19일임.
1884.4.28		W.G. Aston(阿順頓)을 在朝鮮國辦英國總領事, W.R.Carles(賈里士)를 在제물포 英國副領事로 派遣할 것을 통고하고 同認可狀을 청구함. 韓英修好通商條約批准書를 交換함.
1884.5.7		英欽差大臣 巴夏禮로부터 督辦交涉通商事務 金炳始에게 釜山 日人 居留地의 各國人雜居地改正案의 不贊과 英國人 居留地 勘定員命派를 요청함. 또 제물포領事館基等議定內容의 確認 및 着工促求와 淸日租界溝渠의 淸掃를 요청함.

1884.5.8		巴夏禮로부터 金炳始에게 英國王의 朝鮮 國王 앞 駐朝鮮英總領事 阿順頓派遣詔勅・阿順頓長崎領事委任文憑과 駐朝鮮英副領事買禮士派遣詔勅을 보내옴.
1884.5.10		仁川 各國 租界 및 領事館 基地에 관한 回答을 金炳始로부터 巴夏禮에게 발송함. 同日字로 巴夏禮로부터 金炳始에게 貞洞 寓館의 英公館買充准許와 同契卷 發給를 依賴함. 또한 平常案件의 阿順頓總領事 相對 交涉과 緊急 照會의 開封 經由(阿總領事) 面約의 確認을 함.
1884.5.28	農務牧畜 試驗場	報聘使(遣美使節團)의 [全權大臣 閔泳翊] 一員이 귀국 시 미국으로부터 가져온 농기구와 種子를 가지고 試驗農場을 개설함. 이 농장은 그 뒤 美國으로부터 소・말・돼지・양 등을 사육함. 1887년에는 英國人 쟈프레이(R. Jaffray, 爵佛雷)가 이 농장을 監理하였으나, 1888년에 사망함. 1896년에는 프랑스 사람 쇼트(Schott)가 이 농장의 감리권을 맡음.[報聘使의 수행원 崔景錫은 農業 近代化를 이룩하려고 각종 농기구種子 등을 가지고 귀국, 1884년 5월에 農務牧畜 試驗場을 개설, 운영했으나, 1886년 봄에 급사하자 농장은 자동 패쇄됨]
1884.6.3		阿順頓 總領事로부터 英船西南沿海水路踏看의 協助와 執照의 發給 및 通譯 派遣을 요청함.
1884.6.6	스코트	스코트(James Scott, 薩允格)가 仁川 駐在 英國臨時副領事로 임명되어, 1885년 6월 7일까지 주재함.
1884.6.11		釜山・元山中國商務理事官派駐件을 金炳始로부터 阿順頓 總領事에게 轉照함.
1884.6.14		Aston 總領事가 仁川口治安警察設施를 要請함.

개화기 한국과 영국의 문화적 거리와 표상

1884.7.13		金炳始가 巴夏禮에게 仁川租界地稅章程修正案의 送呈 및 同意를 요청함.

1884.7.13　　　　　　　　金炳始가 巴夏禮에게 仁川租界地稅章程修正案의 送呈 및
　　　　　　　　　　　　　同意를 요청함.

1884.7.16　　　　　　　　金弘集의 督辦交涉通商事務서리 接任 通告와 巴夏禮에의
　　　　　　　　　　　　　公文 전송을 의뢰함.

1884.7.23　　　　　　　　Aston 總領事로부터 怡和洋行(Jadine Matheson & Co.) 雇入
　　　　　　　　　　　　　丹國人의 執照 發給을 요청함.

1884.8.1　　　　　　　　Aston 總領事로부터 金弘集에게 阿順頓總領事 등의 把住·
　　　　　　　　　　　　　松都遊覽通告 및 便宜 提供을 요청함.

1884.8.14　　　　　　　　怡和洋行華匠의 護照發給을 阿順頓總領事가 金弘集에게 요
　　　　　　　　　　　　　청함.

1884.8.20　　　　　　　　Aston 總領事로부터 永平萬世橋 開礦處에서의 現地人 私採
　　　　　　　　　　　　　禁止를 요청함.

1884.9.20　　　떡갈나무　　仁川의 英國領事館 建築資材로 日本 長崎로부터 떡갈나무
　　　　　　　　　　　　　[the Royal Oak, 찰스 2세가 1651년 우스터(Worcester) 싸움
　　　　　　　　　　　　　에 패했을 때 몸을 숨겨 목숨을 건졌던 떡갈나무]를 수입함.

　　　　　　　고울랜드　　日本公使館 근무의 英國人 고울랜드(W.Gowland, 高南德)
　　　　　　　돌멘　　　　내한. 돌멘(Dolman)에 관한 기사를 씀.
　　　　　　　미첼　　　　英國 木材貿易商 미첼(J. F. Mitchell, 米鐵) 내한.
　　　　　　　알렌　　　　淸國駐在 長老敎 醫療宣敎師인 알렌(Horace N.Allen, 安連)
　　　　　　　　　　　　　이 내한. 그는 처음에 美國 公使館附醫師. 그 후 朝鮮 政府
　　　　　　　　　　　　　및 英國·日本 公使館附醫師로 임명됨.

1884.9.26　　　　　　　　Aston 英總領事, 京畿監司 金弘集에게 債犯妥瑪士 掌送 時
　　　　　　　　　　　　　虐待事項과 同 審理의 聽審을 요구함.

1884.9.27		怡和洋行礦事員으로부터 서리督辦交涉通商事務 金弘集에게 萬世橋金鑛의 채굴 부준에 대한 異議와 代鑛准許를 요청함.
1884.10.9	알렌	英國領事輔佐官 알렌(E. L. B. Allen)이 내한함.
1884.10.19		Aston 英總領事로부터 京畿巡察使 金弘集에게 怡和洋行司事 盜難物의 搜還 및 嚴斷할 것을 요청함.
1884.11.7	仁川各國租界	仁川 제물포 各國 租界章程 조인됨.[仁川 제물포 租界章程 (Agreement respecting a General Foreign Settlement at Chemulpo) 은 朝鮮 代表 金弘集·日本 代表 竹添進一郎. 美國 代表 푸트 ·英國 代表 파크스·淸國 代表 袁世凱 간에 10월 3일 체결된 것임]
1884.11.24		督辦交涉通商事務 金弘集으로부터 Aston 英總領事에게 怡和洋行 및 英館納鉛鐵錢의 典還局換領을 통고함.
1884.11.30		怡和洋行 제물포 出張所의 閉店과 殘務整理에 관한 件을 同洋行 出張所 모비군그가 督辦交涉通商事務 金弘集 앞으로 通報함.
1884.12.6		督辦交涉通商事務 趙秉鎬로부터 Aston 英總領事에게 甲申政變 時 日使의 妄動 經緯에 대하여 通報하고, 列國 公使의 公正한 判斷과 그에 對한 回答을 요청함.
1884.12.9		Aston 英總領事가 督辦交涉通商事務 金弘集에게 英使와 英國人의 仁川行 通告와 同 房屋 등 財産의 保護를 요청함.
1884.12.10	各國代表피난	駐韓美國公使 푸트, 英國總領事 애스톤, 獨逸總領事 젬브쉬 등이 仁川으로 피난함.
1884.12.12		Aston 英總領事로부터 督辦交涉通商事務 趙秉鎬에게 英國 公

개화기 한국과 영국의 문화적 거리와 표상

館 財産의 殘留下人看守通告와 保護에 注力해 주도록 의뢰함.

| 1884.12.15 | 政府 Aston 英總領事에게 徐相雨全權大臣・穆麟德副大臣派日勅諭의 통고를 함. |

| 1884.겨울 | 英軍艦 1隻이 거문도 前洋에 碇泊, 艦長 Milandon이 淸人 通譯 黃麗山을 대동하고 上陸하여 山에 올라온 후 하룻밤을 經過, 洋酒와 洋菓를 島民에게 주고 돌아감. |

| 1884.12.25 | Aston 英總領事로부터 甲申政變에 관한 調停意思通告와 萬國公法 內 別國調停案抄를 政府에 錄送함. |

| 1884.12.29 | Aston 英總領事로부터 政府에 英國人 虐待 大邱人의 査辦要請을 해 옴. 로스 長老會 牧師, 로스 飜譯의 4복음과 사도행전을 간행함. |

| 1885.1.1 | 督辦交涉通商事務 趙秉鎬 名儀로 Aston 英總領事에게 甲申政變으로 因한 朝日關係調停의 轉稟依賴와 英欽差大臣 巴夏禮 앞으로 甲申政變의 顚末을 送呈하고 朝日關係 調停의 轉稟을 再依賴함. |

| 1885.1.4 | Aston 英總領事로부터 英國人 虐待 大邱人 査辦의 保留와 買(Carles) 副領事 派漢通告 및 接辦을 政府에 요청함. |

| 1885.1.10 칼스 | 英國 總領事代理 칼스 5월 31일까지 주재함. |

| 1885.2.5 | 영국 상인 Mitchell의 鬱陵島 木料에 관한 증거 제시, 정부는 英國 商人 Mitchell에게 보상할 수 없다고 알림. |

| 1885.2.5 | 英서리總領事 Carles로부터 政府에 新製 國旗를 조선 상선이 게양했는지 與否를 문의함. |

부록 : 개화기 한국과 영국의 교류사 연표

1885.4.8		駐英淸國公使 曾紀澤이 同 公使館의 英國人 職員 Sir H. Macartney 英國 外務省에 派遣하여 英軍의 巨文島 占領 與否를 문의함.
1885.4.9		英國 政府가 駐淸英代理公使 N. O'conor에게 보낸 秘密文書에 "駐英淸國公使 曾紀澤은 거문도 占領에 영국 政府가 나선다면 淸은 찬성할 것이며, 何等 公式文書도 필요 없고 淸의 承諸으로 足하다. 但 朝鮮에 대한 淸 皇帝의 宗主權을 認定한다면 如斯한 形式을 거치지 않은 어떤 나라보다도 名分이 선다."고 말함.
1885.4.9		英船 1隻이 永興灣에서 러시아 軍艦의 南下를 살피는 한편, 太沽口外洋에서는 英船 2隻이 天津 滯留 中 러시아 배의 出口를 염탐함.
1885.4.12		이홍장과 天津 會談 제5차 會議에서 伊藤博文이 朝鮮에서 淸日 兩軍이 철거 후 재파병 條件을 토의할 때, 第3國이 朝鮮 侵攻 또는 占據 云云하며 거문도 占領의 경과를 거론함.
1885.4.14		英海軍長官이 Dowell함대 부사령관에게 공식적으로 거문도를 점령하라는 명령 전보를 發함.
1885.4.15		英極東艦隊소속 Agamemnon호·Pegasus호·Firebrand호가 거문도(Port Hamilton)를 점령함.
1885.4.15	英國 거문도占領	英國 海軍艦隊 거문도를 점거했다는 소식을 접함.
1885.4.16		英國 政府, 駐英淸國公使 曾紀澤에게 前日의 回答形式으로 거문도 占領事實을 통고, 英國 外務省은 事情이 急迫하여 淸國에 事前 諒解없이 거문도를 占領한 것에 대해 遺憾을 表示, 이는 一時的 性質의 것이며, 淸國 政府의 威信을 損傷

시키는 어떠한 일도 없을 것과 利害에 저촉되지 않게 協定
할 용의가 있음을 밝힘.

1885.4.17   英國 政府는 淸·日兩國 政府에 거문도 占領事實을 통고하
도록 兩國 駐在 英國 公使에게 訓令함.

1885.4.23   英政府, 駐淸代理公使에게 朝鮮 政府에 거문도 占領 通告를
발송하도록 訓電함.

1885.4.24   Cales 英代理總領事, 督辦 김윤식에게 英海軍의 巨文島 占據
公函을 발송.

1885.4.27   曾紀澤, 英外相 Granville에게 淸政府가 英政府 목적 달성에
제의할 협정내용을 제시하라고 했음을 알림.

1885.4.28   英外務省, 曾紀澤 公使에게 '거문도 協定案'을 제시, 巨文島
를 英政府가 何時라도 占領코자 할 때, 淸 皇帝는 反對하지
않을 것이다. …(中略)… 該島嶼의 占領이 適切하다고 英 皇
帝가 사료하는 日字로부터 英國은 이를 合法的으로 占領,
管理하는 것은 淸 皇帝는 認定해야 한다고 云云함.

1885.5.1   曾紀澤 公使의 卽刻 協定締結督促 電文에 淸北洋大臣 이홍
장의 强硬한 反對 電文이 總理衙門에 발송되고 皇帝의 裁可
를 請함.

1885.5.3   이홍장은 北京 總理衙門에 또다시 電文을 보내어 巨文島 占
領에 대한 英國과의 協定締結은 絶對不可함을 强調하고, 總
理衙門은 曾公使에게 淸·英간 거문도 協定不可를 訓電, 淸
國 公使는 마카트니卿을 英外務省에 파견하여 거문도 占領
不可를 전달함.

1885.5.4   이홍장이 朝鮮 國王에게 거문도를 英國에게 租借 또는 購買

부록 : 개화기 한국과 영국의 교류사 연표

에 절대로 應하지 말 것과 鄭汝昌을 파견하여 거문도의 形便을 면밀히 조사한 후, 한국 정부와 상의하겠다는 勸告文을 보내옴.

1885.5.5		이홍장은 英國의 거문도 占領 允許는 절대 不可라고 公函에서 재차 강조함. Carles로부터 新任 副領事 E.H. Parker의 暫時 釜山 駐在를 통고 받음.
1885.5.10		淸國 丁汝昌 提督 휘하의 淸艦 超勇·揚威號 2隻이 來到하여 독일 汽船의 이용계획을 변경함. 러시아의 블라디보스톡號가 거문도에 24시간 碇泊, 英國旗 揭揚을 目擊하고 本國 政府에 報告함.
1885.5.11		嚴世永·穆麟德 등 淸艦便으로 거문도를 향해 仁川으로 출항함.
1885.5.12	英國 釜山領事館	英國領事館 釜山에 설치, 파커(E. H. Parker)가 釜山駐在 英國副領事에 임명되었으나 5월 29일 중단.
1885.5.16		嚴世永·穆麟德 兩參判이 거문도에 派遣되어 島民과 英軍 占領에 대한 問答을 통해 眞相을 파악하고 英 Flying Fish J. P. Maclear대령과 회담, 항의함.
1885.5.18	거문도	朝鮮 特使(嚴世永·穆麟德)가 거문도를 방문, 英國의 거문도 占據를 항의함.
1885.5.19		英軍의 거문도 占領을 관찰함. 거문도를 둘러보고 長崎에 到着한 政府派遣調査官 嚴世永·穆麟德이 英水師提督 William Dowell에게 英軍의 거문도 占據 理由를 追窮한바 暫時 借用한 것이라고 답함.
1885.5.20		督辦交涉通商事務 김윤식이 英 欽差大臣 歐格訥(O'conor)에

개화기 한국과 영국의 문화적 거리와 표상

게 英軍의 거문도 占領 撤回를 打電·公函(?)發送, 淸·獨· 美·日 등 各國 公使에게 英國의 不法 거문도 占領事件의 調停을 요청함.

1885.5.21	거문도 事件의 對策에 관한 意見 具申을 비밀리에 獨逸 總領事 Zembsch가 김윤식에게 함. 嚴世永·穆麟德 및 丁汝昌 一行이 長崎를 떠남.
1885.5.22	英外務省, 北京 英公使에게 打電하여 長崎에서의 韓英간 문답과 抗議 要旨를 전달하고 朝鮮 政府와 협상하기에 이름.
1885.5.26	거문도 事件으로 파견된 朝鮮 使臣과 英國 水師提督과의 談草를 김윤식이 獨逸 總領事 Zembsch에게 送呈함. Von Stein Wine大學 敎授가 英國의 거문도 占領事件을 Allgemine Zeitung에 3회 연재한 天津條約論에서 언급함.
1885.6.5	英國 政府는 朝鮮 政府와 거문도를 給炭地로 年 5千파운드에 賃借交涉을 淸國 政府를 통해서 하라고 訓令함.
1885.6.7 파커	파커, 仁川駐在 英國副領事로 부임, 1886년 11월 24일까지 주재함.
1885.6.19	Aston이 督辦 김윤식에게 賃借交涉과 朝鮮 政府의 항의에 口頭回答하고 협상 가능성을 타진함.
1885.6.23	英國의 正式回答이 여러 차례의 독촉에도 불구하고 지연되자 美國 公館에 비밀서한을 발송함.
1885.6.25	淸·獨·美·日 등 各國 公館에 제2차로 同文照會를 발송하고 협조·대책을 재촉구함.
1885.6.27	同文을 러시아 公館에도 알리기 위하여 公文을 보냄.

부록 : 개화기 한국과 영국의 교류사 연표

Aston 英 총영사는 北京 英國公使 指示에 따라 政府에 口頭로 回答을 함.

| 1885.7.6 | 英 正式書面回答을 가지고 外衙에 접촉, Aston이 '응당 양국 정부의 협상으로 妥結할 수 있는 길이 있다.'는 誠意를 表示하므로 政府는 各國 公館에 前送한 密函을(?) 無效로 할 것을 요청함. |

1885.7.7 　政府는 英欽差大臣서리 歐格訥에게 거문도의 英艦 撤還을 督促함.

1885.7.22 　英欽差大臣서리 歐格訥이 거문도 占據에 관한 經過의 解明과 本國의 覆文 到着을 잠시 기다려 줄 것을 요청함.

1885.8.5 　政府는 거문도 문제의 回答을 阿順頓 英總領事에게 촉구함.

1885.8.8 　Aston이 濟衆院宴會 招請에 未參回答과 거문도件 照會의 北京 도착일을 통보해 옴.

1885.8.17 　政府에서는 거문도 問題 回答에 대하여 Aston 英總領事에게 回答을 독촉함.

1885.10.3　베버　英國 總領事代理 애스톤이 해임되고, 베버(E. C. Baber, 貝德祿) 부임, 그는 1886년 11월 24일까지 주재함.

1885.10.14　허치슨　허치슨(W. F. Hutchison, 轄治臣)이 郵征局 顧問으로 착임, 그 후 稅關囑託으로 일했으나, 1887년 10월 사임 귀국했음. 그러나 그 후 英語學校 敎師로 내한함.

1885.10.22　英國 總領事서리에 E. C. Baber가 總領事 부재 시 代行한다고 통보함.

1885.10.23		英國 總領事서리 貝德祿이 5千파운드에 거문도를 買入하겠다고 提議함. 中國 派遣 T.R. Wolf 英國 聖公會外邦宣敎團體 C.M.S.는 韓國 宣敎의 必要性을 力說하고 支援을 呼訴, 2名으로 선교단을 구성하여 釜山 地域에서 2年간 활동함.
1885.11.24	월샴	월샴卿(John Walsham, 華爾身), 特命全權公使로서 파크스卿과 교대함. 1892년 4월까지 주재함.
1885.12.15	砲艦	김옥균이 朝鮮 遠征을 단행한다는 정보와 관련, 淸國 軍艦 3척, 英國 군함 2척, 美國 군함 1척이 제물포(仁川)에 입항함.
1886.1.27		政府, 거문도 문제의 年內 妥結을 英總領事서리 貝德祿에게 催促함.
1886.2.9		駐英淸國公使 曾紀澤이 英外務省에 公函(?)을 보내어 英軍이 거문도 占領을 계속할 경우 러시아도 조선 영토의 일부를 점령하겠다는 위협에 대한 영국 정부의 意思를 打診함.
1886.2.28		O'conor가 거문도 문제의 妥協辦法講究를 朝鮮 政府에 示唆함.
1886.4.14		英外相 Rosebery가 淸國이 만약에 어느 나라고 巨文島를 占領하지 않을 것이라는 保障을 할 수만 있다면 英軍의 거문도 철수를 표명함.
1886.7.4		英欽差大臣 華爾身에게 政府, 거문도 問題의 無理와 納得不能點을 지적하고 急速妥結을 재촉함.
1886.9.25		駐淸러시아公使 Ladygensky는 이홍장에게 英軍 철퇴 후 러시아는 거문도를 占領하지 않는다는 보장 문제로 회담을 개시함.

부록 : 개화기 한국과 영국의 교류사 연표

1886.9.29		이홍장과 라디겐스키 러시아公使는 또다시 제 2차 회담을 개최함.
1886.10.6		이홍장은 러시아公使 라디겐스키로부터 러시아가 朝鮮 領土를 占領하지 않겠다고 보장한 佛文公文書全文 3개條의 照會狀을 確定함.
1886.10.30		英公使館에 淸露交涉經緯와 朝鮮 領土를 侵犯하지 않겠다는 러시아 保障을 알리는 公函(?)을 발송하여 英軍의 거문도 철수를 促求함.
1886.11.24		英國 公使 Walsham은 淸露會談 內容을 本國 政府에 보고한 결과 異議없음을 알려왔다고 英軍 거문도 撤收를 淸國 政府에 통고함.
1886.11.25	파커	英國 總領事代理 파커(E. H. Parker) 부임, 1887년 1월 17일까지 재임함.
1886.12.11		영국 화보 주간지『그래픽』에 [양담배에 욕심을 내는 거문도 촌장이 수록됨.
1887.1.18	워터즈	英國 總領事代理 워터즈(T. Watters) 착임, 1888년 6월 11일까지 재임함.
1887.2.23		英欽差大臣 華爾身, 英軍의 거문도 撤收와 동일자 별도 통고 할 것을 政府에 알림.
1887.2.27	거문도	大英帝國 해군함대, 거문도로부터 철수함.
1887.2.27		英艦隊, 거문도에서 完全 철수하고 翌日 駐韓英서리 總領事 Watters에게 통고함.

개화기 한국과 영국의 문화적 거리와 표상

| 1887.3.1 | | 英國 總領事서리 T. Watters(倭妥瑪)로부터 督辦交涉通商事務 김윤식에게 보낸 거문도 英軍의 撤收 通告를 접수함. |

1887.3.1　　　英國 總領事서리 T. Watters(倭妥瑪)로부터 督辦交涉通商事務 김윤식에게 보낸 거문도 英軍의 撤收 通告를 접수함.

1887.3.4　　　政府는 經略使 李元會를 파견하여 英軍의 거문도 撤退與否를 확인.

1887.3.5　　　政府는 英總領事에게 英軍의 거문도 完全 撤收에 感謝의 뜻을 전함.

1887.4.1　　풀포드　　　英國 仁川副領事代理 풀포드(H. E. Fulford) 착임, 1887년 5월 30일까지 재임함.

1887.4.2　　　政府에서 英總領事서리 T. Watters에게 釜山通商口岸商船停泊 限界와 元山通商口岸 船隻停泊 限界 章程의 同意를 요청함.

1887.4.2　　　영국 화보 주간지 『그래픽』에 [원산의 한옥 지붕 위에 설치된 풍향계가 수록됨.

1887.4.28　　　영국 화보 주간지 『그래픽』지는 [조선의 섬 사람들]이란 특집에서 양반, 평민, 군인, 관리 등 신분에 따라 쓰고 있는 서로 다른 12종류의 모자들을 소개했다. 그들에게도 각기 다른 모자가 무척이나 신기해 보였던 모양이다.

1887.5.2　　　政府 英總領事서리 T. Watters에게 海關稅務章程의 同意를 요청함.

1887.5.30　　스코트　　　영국 인천부영사대리 스코트(James Scott, 薩允格) 착임, 1888년 4월 6일까지 재임함.

1887.5.30　　스코트 및　　　英國 聖公會(英國國敎)의 스코트(Scott, 詩高德) 및 비커스테
　　　　비커스테스　　스(Bickersteth) 主敎가 서울을 방문함. 시드모어(E .R Scidmore)

부록 : 개화기 한국과 영국의 교류사 연표

母女가 서울을 방문함. 시드모어는 朝鮮에 관한 서술을 남김.

1887.6.10	政府, 英總領事서리 倭妥瑪에게 제물포 租界章程擬增草案 6 條에 대한 同意를 요청함.

1887.7.6   政府, 海關稅務章程 一部 改正을 英總領事서리 T.Watters에게 照會함. 또 外來兵船의 瘟疫防備 自體 施行을 요청함.

1887.8.18   駐英·獨·露·佛·伊 兼任公使에 沈相學을 임명함.(9.16 趙重熙로 代替)

1887.8.20   駐歐公使   趙臣熙, 駐箚 英·獨·露·佛·伊 五國全權公使에 임명됨. 그는 香港에 이르러 거기서 2년간 체재했지만, 부임하지 아니 했음.

1887.9.1   政府에서 英國人 電燈教師 費峨와 農學教師 爵佛雷를 雇聘하기로 합의함.

1887.9.18   캠벨   영국 영사 캠벨(C. W. Campbell)이 서울에 도착함. 1891년 2월 25일까지 재임함.

1887.10.11   英總領事서리 T. Watters로부터 督辦交涉通商事務 조병식에게 怡和洋行南陞船·礦賠款의 償還 催促과 礦費件 재조사를 요구받음.

1887.11.8   英總領事서리 T. Watters로부터 仁川 英館基址編號의 確定 및 租界地圖寫入을 朝鮮 政府에 요청함.

1887.11.22   政府, 英國 商人 Mitchell(米鐵)의 召還을 英館에 요청함.

1887.11.25   英使, 朝鮮 政府에 英商人 Mitchell의 召還 困難과 面商하기를 요청함.

개화기 한국과 영국의 문화적 거리와 표상

1887.11.26	『런던 화보 뉴스』에 [영국 해군 장교를 살펴보는 라자레프 항의 조선인들]이 수록됨.
1887.11.26	영국의 화보 주간지 『런던 화보 뉴스』에 [거문도에서 본 조선 뗏목]이 수록됨.
1887.12.20	政府, 英總領事서리 T. Watters에게 棧房·廠房章程送交와 海關章程改正本의 送交 및 准辦을 요청함. 로스 牧師 등 新約聖書를 완전 간행함.
1888.1.19	政府, 英總領事서리 T. Watters에게 外國 公館 自家用 各物의 免稅와 領事館 各物의 徵稅를 통고함.
1888.2(음)	박영효 明治學院 영어과를 卒業.
1888.2.7	英館, 英國 商人 Mitchell의 來京 통고와 査問日의 明示 要請에 朝鮮 政府 同 日時를 지시함.
1888.2.27	政府, 英館에 英國 商人 Michell의 제1회 裝運木料의 售賣特准과 事後處理의 原約節遵을 요청함.
1888.2.28	英館, 同上照會接閱卽時 Mitchell의 出發 事實의 通告와 原照會返戾를 우리 政府에 요청함.
1888.3.3	英館, 同上件에 관한 Mitchell의 立場을 변호함.
1888.3.9	政府, 英館의 同上件을 반박함.
1888.3.14	英館, 朝鮮 政府에 同上件 辨護主旨의 解明을 함.
1888.3.30	영국인 헨리·팍스 감독 下에 南路電線 架設少事에 착공하여 동 공사를 완료함.(5.27)

▶ 171 ◀

1888.4.7	캠벨	英國 仁川領事代理 캠벨 착임, 1888년 5월 3일까지 재임.
1888.5.4	스코트	英國 仁川副領事代理 스코트 착임, 1888년 6월 25일까지 재임함.
1888.5.18		英館, 督辨 조병식에게 英總領事의 自用物 면세를 요청함.
1888.5.		이홍장의 命으로 재입국한 穆麟德을 英國 公使와 獨逸 公使가 合作하여 中國으로 재소환함.
1888.6.1		督辨 조병식이 英總領事서리 T. Watters에게 인천 조계 독일 商租地의 墺商轉租 문제의 會議를 요청.
1888.6.4		督辨 조병식이 T. Watters에게 仁川租界地段拍賣價處理便法의 說明과 會商을 요청함.
1888.6.9		督辨 조병식으로부터 T. Watters에게 仁川租界地段價決算內譯 等의 同意와 存備金의 管理者 指定을 요청함.
1888.6.12	포드	英國 總領事代理 포드(C. M. Ford, 副格林) 착임, 1889년 5월 5일까지 재임함.
1888.6.12		英總領事서리 福格林이 督辨 조병식에게 서리總領事 接任을 알림.
1888.6.19		英總領事서리 福格林 등, 督辨 조병식에게 失兒騷擾告示代稿의 揭示와 街頭殺傷 및 외국인 犯干行爲의 根絶을 요청함.
1888.6.26	캠벨	英國 仁川副領事代理 캠벨 착임, 1888년 11월 19일까지 재임함.
1888.8.10		英館, 怡和洋行輪船欠款催償을 督辨 조병식에 통고함.

개화기 한국과 영국의 문화적 거리와 표상

1888.9.5		政府, 督辦서리에 李重七이 接位함을 英館에 통보함.
1888.9.26		英館, 英國人 電燈敎師의 續聘與否를 문의함.
1888.10.17		政府, 趙秉稷의 서리督辦交涉通商事務 就任을 英館에 통고함. Underwood 목사가 『韓英文法典』, 『韓英字典』 및 『英韓字典』을 간행함.
1888.11.6		督辦서리 趙秉稷이 英館에 仁川港 警察官 金宏臣의 租界管理差充通告와 同地圖會坤을 요청함.
1888.11.20	풀포드	영국 인천부영사대리 풀포드(H. E. Fulford) 착임, 1890년 5월 12일까지 재임함.
1888.12.22		영국 화보잡지 『그래픽』에 [빵과 잼을 처음 먹는 조선인], [조선인들이 성냥을 처음 접하는 장면] 이 수록됨.
1888.12.29	노르만	英國 저술가 노르만(Henry Norman, 당시 국회의원) 내한, 한국에 관해 기술함.
1889.2.22		英館, 英國人 電燈敎師 賠償請求額의 妥當 主張과 讓步額의 期限附 支給 要請을 서리督辦交涉通商事務 趙秉式에게 통고함.
1889.3.15		政府, 海關移建을 위한 英領事館 移建地 擇定을 英總領事서리 福格林에게 요청함.
1889.3.22		政府, 英總領事서리 福格林에게 種牧局에서 購入하는 農器價의 送交와 동 목록의 제시를 요청함.
1889.3.31		政府, 英總領事서리 福格林에게 仁川 오스트리아人 租地의 해결책 설명과 동 租界章程의 改增 요청을 함.

1889.4.14		英欽差大臣 華爾身(John Walsham)이 서리督辦交涉通商事務 趙秉稷에게 福格林 領事의 歸國과 禧在明(Hillier)의 총영사 接任을 통보함.
1889.4.27		政府, 麻浦稽查官派駐를 通告하고 同章程實施日時의 周知 를 英總領事서리 福格林에게 요청함.
1889.4.29		政府, 영국인 電燈敎師의 薪水費計算內譯과 同一部送交를 英總領事서리 福格林에게 통고함.
1889.5.6	힐리어	英國 總領事代理 힐리어(Walter C. Hillier, 禧在明) 착임, 1896년 10월 27일까지 재임함, 힐리어는 1891년 10월 1일에 總領事로 승진됨.
1889.5.6		英館, Walter C. Hillier(禧在明) 總領事서리가 接任하였음을 政府에 통보함.
1889.5.13		政府, 電報局敎師 英人 奚來百士의 解雇를 禧在明 英總領事 서리에게 통고함.
1889.5.15		英館, 英人 哈弋曼의 前護照·關文의 返還과 更發을 督辦서 리 趙秉稷에게 요청함.
1889.6.2		政府, 禧在明 英總領事서리에게 瘟疫防備章程의 改增事由 로 同酌改章程의 繕交 및 시행 일시를 통고함.
1889.7.25		政府, 英總領事서리 禧在明에게 防疫暫設章程 6條 復活에 대한 同意를 요청함.
1889.7.26		政府, 英館에 防疫暫設章程 第9條의 未酌改 理由와 酌改 방 법의 明示를 요청함.

개화기 한국과 영국의 문화적 거리와 표상

1889.8.7	英館, 督辦交涉通商事務 閔種黙에게 英官協辦 甘伯樂의 護照 및 關文 發給을 요청함.
1889.8.11	督辦交涉通商事務 閔種黙이 英欽差大臣 華爾身에게 英國 正使의 常駐를 특정함.
1889.8.16	政府, 同上件을 재강조함.
1889.9.8	政府, 英欽差大臣 華爾身에게 英國 正使의 朝鮮 常駐를 촉구함.
1889.9.12	政府, 英館에 關北地方盜伐・密貿易하는 英國 商人 등의 拿懲과 同牛馬刷還을 요청함.
1889.9.26	英總領事서리 禧在明, 英館守護軍의 撤回를 督辦 閔種黙에게 동의함.
1889.11.1	英國 켄터베리 벤슨 大主敎, 韓國 宣敎를 決心하고 복음전도회(U. S .P. G)를 결성함.
1889.11.5	英館, 督辦 閔種黙에게 英人 哈戈曼의 關北盜伐・密貿易件과 無關하다고 照會에 회답함.
1889.12.14	英館, 督辦 閔種黙에게 仁川港 各國 租界事務管理官의 仁川 稅務司湛參代派件에 동의함.
1890.2.5	英總領事서리 禧在明이 督辦交涉通商事務 閔種黙에게 仁川港 客主商帖에 대한 異議와 同發給章程의 一覽을 요청함.
1890.2.20	政府, 駐英全權大臣에 朴齊純을 임명함.
1890.4.6	政府, 仁川港 客主均平會社에 관하여 英館에 解明을 함.

부록 : 개화기 한국과 영국의 교류사 연표

1890.4.11		政府, 仁川 租界의 收納年稅는 仁川 稅務司가 辨理한다는 것을 英館에 照會함.
1890.4.26		英總領事서리 禧在明 外 名儀로 督辦 閔種默에게 仁川 港經紀會의 條約文抵觸點의 一覽과 回答을 요청함.
1890.5.13	스코트	仁川 英國副領事代理 스코트 착임, 1891년 9월 11일까지 재임함.
1890.6.7	政府	仁川港 經紀會規費의 條約과 無關함을 英館에 회답함.
1890.6.24		英國 聖公會 마크내피어 트롤로프 신부, 한국 선교단 最初의 司祭로 참여함.
1890.7.15		英總領事서리 禧在明이 督辦 閔種默에게 仁川 海關 및 英公署移件에 대한 條件 "其端有六一日, 英山西頭必順平治至山下之路…"을 提示함.
1890.9.3		督辦 閔種默에게 處總領事서리 禧在明이 釜山港의 英署基地 踏査經緯의 通告와 立案을 요청함.
1890.9.20		英館에서 督辦 閔種默에게 仁川 英館基址交換件의 回答을 催促함.
1890.9.29		英國 聖公會 코프 主敎, 제물포港에 첫발을 내디딤. Dr. Eli Landis와 少數 修女들이 小規模의 病院을 開設하고 醫療奉仕, 그 후 한국 최초의 孤兒院 설립.
1890.12.25		英國 聖公會, 서울에 자리를 잡음.
1890.12.30		英館, 閔督辦에게 英商人 Mitchell의 木料件面約辦法의 公文化를 催促함.

개화기 한국과 영국의 문화적 거리와 표상

1891.1.18		政府, 米鐵(Michell)의 木料件의 顚末과 妥結策을 英館에 통보함.
1891.3.5		英館, 閔督辦에게 米鐵木料妥結案의 修正을 요청함.
1891.4.18	케르	서울 駐在 英國領事補 케르(W. P. Ker) 착임. 1892년 9월 10일까지 재임함.
1891.4.30		政府, 英館에 怡和洋行船·鑛費欠項妥結內譯을 確認하고 一部 送交함.
1891.5.4	판사	駐韓이탈리아公使 판사(Chevalier A. Pansa)가 착임했으나, 6월 11일에 귀국함. 그리하여 英國 總領事가 이탈리아 권익에 대한 업무를 대행함.
1891.5.16		政府, 英館에 怡和洋行의 輪船 및 鑛費欠項殘金을 送交함.
1891.5.18		英館에서 英·美署間 道路의 永久 存續해 주도록 政府에 요청함.
1891.5.19		政府는 英외부대신 앞으로 보내는 公文을 英總領事署理 禧在明에게 전송을 依賴함.
1891.5.29		政府는 英使의 朝鮮 常駐를 촉구함.
1891.8.11		釜山口租界外의 英國人地段購置經緯와 同地契의 發給을 英館에서 政府에 요청함.
1891.8.15		英館은 釜山口租界外 英人地段의 地契內稅額 및 章程의 敍明을 요청하고 後日 發生할지도 모르는 問題에 대한 見解를 성명함.

부록 : 개화기 한국과 영국의 교류사 연표

1891.8.24		英國 외부대신으로부터 督辦交涉通商事務 閔種黙 앞으로 英專使의 朝鮮 常駐 要請에 관한 回答이 來致함.
1891.9.12	프레이저	英國 仁川副領事代理 프레이저(Everard D. H. Fraser, 法磊斯) 착임, 1894년 10월까지 재임함.
	聖公會	聖公會 仁川에 개설됨.
1891.12.29		英使. 閔督辦에게 仁川港 轉運局辦公所移建件의 同意와 煤棧의 同時移撤을 요청함. 제물포 各國 租界 一年年稅의 全納拒否와 管理租界 지방관에 관하여 一言을 진정함. James Scott, 『英韓字典』을 간행함.
1892.2.20		禧在明 서리總領事가 總領事로 昇進하였음을 通報함과 아울러 勅准奏稟을 朝鮮 政府에 요청함.
1892.4.1	오코너	英國特命全權公使 오코너(Sir Nicholas R. O'Conor) 착임, 1895년 10월 24일까지 재임.
1892.4.1		英國 公使 O'conor 赴任.
1892.4.10	스코트	英國 仁川領事代理 스코트 착임, 1892년 9월 26일까지 재임함.
1892.5.10		영국인 모건이 仁川 海關稅務司에 임명됨.
1892.9.19		禧在明 英國總領事, 閔督辦에게 英國 國會 參議大臣 古爾尊 등의 여행증과 地方下級官廳에 보내는 公文書를 發給하여 주도록 요청함.
1892.9.27	존슨	英國 仁川副領事代理 존슨(O. Johnson) 착임, 1893년 7월 24일까지 재임함.

개화기 한국과 영국의 문화적 거리와 표상

1892.10.	커즌	커즌(George N. Curzon)卿 내한. 韓國에 관한 저술을 남겼음.[George N. Curzon, *Problems of the Far East : Japan-Korea-China*, London, 1894].
1892.10.28		政府, 李容稙의 督辦서리 接任을 英館에 통보함.
1892.11.13		趙秉稷이 督辦交涉通商事務에 임명됨.
1892.11.19		O'conor(歐格訥)의 欽差大臣接任 및 明春來朝할 것을 알려옴.
1892.11.27	再臨敎會	英國 어드벤트 敎會(English Church of the Advent, 그리스도 再臨敎會)가 서울에 개설됨.
1892.12.3	폭스	서울 駐在 英國領事補 폭스(H. H. Fox) 착임, 1894년 9월 4일까지 재임함.
1892.12.28		釜山口의 英人哈第段地契의 抹削을 英總領事 禧在明이 督辦 趙秉稷에게 요청함.
1892.12.29		英館, 元山口의 英國人 買收地段地契의 換發 및 원산港의 英國人 哈第買收地段地契의 換發을 政府에 요청함.
1893.1.25		督辦 趙秉稷이 英總領事 禧在明에게 英國人 水軍敎師 雇聘을 의뢰함.
1893.1.27		英館에서 영국인 水軍敎師의 雇聘 條件을 政府에 문의함.
1893.2.28		英·美·淸人들과 같이 日本人도 商店·家屋 등의 所有를 認定하여 주도록 日本 公使가 요청함.
1893.3.10		上海 英國 滙豊銀行으로부터 朝鮮 政府가 銀 5萬元을 借款

부록 : 개화기 한국과 영국의 교류사 연표

함.

1893.3.22	海軍學校	江華島에 海軍軍官學校 設置勅令이 내림. 교관에는 英國人 콜드웰(Caldwell, 賈禮)대위, 英語 敎官에는 허치슨(W. F. Hutchison) 등이 부임함.
1893.4.		斥洋·斥倭를 주장하는 동학교도들의 벽보가 서울에 나붙어 民心을 자극하자, 주한외교관들은 本國 政府에 軍艦을 增派하여 주도록 요청함.
1893.4.19	軍艦來到	美國 軍艦 페트렐(Petrel)호, 英國 軍艦 세번(Severn)호와 日本 軍艦 2척이 東學 진압 차 仁川에 來到함.
1893.5.	캐번디시·굴드 애덤즈	英國 探險家 캐번디시(Cavendish)·굴드 애덤즈(Gould-Adams) 조선 각지를 여행하고, 조선에 관한 저서를 남김.
1893.5.21		O'conor 英欽差大臣이 어제 이미 到京하였으며 明日 上午 十時半에 禮訪하겠다고 督辦 南廷哲에게 통고함.
1893.5.23		O'conor 欽差大臣이 英國王의 朝鮮 國王에게 보낸 國書進呈時 祝辭에 朝鮮 國王이 答祝辭를 함.
1893.5.27		제물포 租界年稅內存備金의 歸入條較交와 미수분의 督納을 英總領事가 督辦交涉通商事務에게 催促함.
1893.7.11		南督辦으로부터 禧英國總領事에게 水軍敎師 雇聘에 대한 合同改繕本의 附送과 被助員 1명 帶同을 准許함.
1893.7.25	폭스	英國 仁川副領事代理 폭스(H. H. Fox) 착임. 1894년 2월 5일까지 재임함.
1893.10.4	브라운	브라운(J. McLeavy Brown, 柏卓安)이 朝鮮 海關稅務司가 됨.

개화기 한국과 영국의 문화적 거리와 표상

[朝鮮 海關稅務司 모건(馬根)이 身病으로 귀국함에 그 후임에 前 九江 海關稅務士 영국인 브라운이 임명됨]

1893.10.4		영국인 브라운을 海關總稅務司로 임명함.
1893.10.6	乘車闕門 出入問題	美·佛·英·露등 각국 대표들 朝鮮 國王 謁見 時, 淸國 公使(駐箚朝鮮總理 袁世凱)는 四人轎를 乘車한채 大闕 出入을 하는데 반해, 자기들은 闕門 밖에서 下車, 도보로 들어가는 것은 부당한 처사라고 항의하면서 국왕 알현을 거부함.
1893.10.18		駐韓 各國 公使에게 흉년으로 인하여 1개월 후부터 防穀令을 실시할 것이라고 통고함.
1893.10.24		英館으로부터 政府의 楊花津 外人葬地에 墻垣建造할 것을 議定함.
1893.11.28	프리만틀	英國 프리만틀(Freemantle)提督 來京함.
1893.12.3		金鶴鎭이 督辦서리 接任함을 英館에 통보함.
1894.		구한말 영어학교 교사였던 길모어의 체험담 재편집『오늘의 조선』발간됨. "조선에서 제조되는 옷감은 주로 무명, 비단, 삼베 등이며, 모직천은 찾아볼 수 없다. 주로 입는 옷은 흰색이지만, 여성들에게서는 가끔씩 푸른 무명옷도 눈에 띈다. 어린이들은 붉은 색이나 분홍색 옷을 입는다. 비단옷은 검정 옷을 제외하고는 여러 가지 색을 쓰는데, 특히 관복이 가장 화려하다. 모자만은 검은 것이 특징이다. 특히 언덕 위에서 바라본 조선의 거리 패션은 매우 다양한 색조를 지니면서 밝은 빛을 뿜어내고 있었다."
1894.		영국 외교관으로 부영사를 지낸 칼스가 영국에서『조선체험』을 펴냄.

부록 : 개화기 한국과 영국의 교류사 연표

1894.1.4		趙秉稷이 督辦交涉通商事務로 임명됨.
1894.1.30		駐韓英國總領事서리 Celus Gardner(嘉托瑪)가 着任함.
1894.2.	핼리팩스學校	허치슨(W.du F.Hutchison, 轄治臣) 및 핼리팩스(T. E. Hallifax) 지도 하에 서울에 개설된 育英公院)이 폐지됨.
1894.2.	가드너	서울駐在 英國總領事代理 가드너(C.T. Gardner, 嘉托瑪) 도임, 1894년 9월 30일까지 재임함. Hillier는 귀국했음.
1894.2.6	윌킨슨	英國 仁川副領事代理 윌킨슨 도임, 1897년 6월 9일까지 재임함.
1894.3.27(?)		英館, 영국인 학자 Bishop(畢涉浦) 女史 護照의 盖印과 官照 發給을 政府에 요청함.
1894.5.9		金鶴鎭 督辦서리, 嘉托瑪 英總領事서리에게 동학 발생 지방의 游歷中인 영국인을 신속히 召還하도록 요청함.
1894.5.17		水軍敎師로 英國 海軍大尉 골드웬을 초빙함.
1894.5.18		英館에서 平安道에 游歷中인 英國 商人을 철저히 保護하여 줄 것을 政府에 요청함.
1894.6.2	艦船到着	英・佛・淸・日의 戰艦이 仁川에 來港함.
1894.6.24		督辦 趙秉稷이 朝鮮 境內의 踞駐하는 중・일 양국민의 철수에 관하여 조정하여 줄 것을 각국 공사에게 의뢰함.
1894.7.9		嘉托瑪 英總領事서리는 某種 權利의 英國 同一 允許를 趙秉稷督辦에게 요구함.

개화기 한국과 영국의 문화적 거리와 표상

1894.7.17		英總領事서리 嘉托瑪로부터 督辦 趙秉稷에게 英館護衛兵 10여명을 入城시키고저 通告한데 對하여 이를 拒否하고 우리 陸軍營에서 護兵 10명을 迅速派遣하겠다고 통보함.
1894.7.21		『그래픽』에 "서울거리를 지나는 국왕의 행차" 수록.
1894.7.26	各國守備隊	英·露·獨 등 각국 수비대가 입성.
1894.7.27	淸國代表	淸國 代表(袁世凱)는 대부분의 居留民을 대동, 본국으로 철수함. 駐韓英國公使가 淸의 對韓權益을 대리함.
1894.8.6		김윤식이 督辦交涉通商事務를 接任함.
1894.9.8	킹	英國 領事補 킹(H. F. King)이 도임, 1895년 2월 15일까지 재임함.
1894.9.21		禧總領事가 回任하고 嘉서리總領事는 해임됨.
1894.10.16		外務大臣 김윤식이 英語敎師 轄治臣에게 招聘에 應해줄 것을 요청함.
1894.10.20		外務大臣 김윤식이 英總領事 禧在明에게 海關洋員의 依前 報務件을 轉知를 依賴함.
1894.10.29		外務大臣 김윤식이 英總領事 禧在明에게 總稅務司 柏卓安이 度支衙門의 顧問官으로 兼任함을 알림.
1895.		구한말 영국총영사를 지낸 크리스트퍼 토마스 가드너가 호주에서 『조선』 발간. 한지의 제작과정을 소개.
1895.		크리스토퍼 토마스 가드너는 『조선』에서 종각을 삽화로 묘사.

부록 : 개화기 한국과 영국의 교류사 연표

1895.2.15	윌리스	英國 서울領事官補 윌리스(R. Willis) 도임, 1897년 12월 31일까지 재임함.
1895.4.11		外務大臣 김윤식이 英總領事 禧在明에게 語學敎師 奚來百斯 Hallifax의 應聘을 周旋하도록 의뢰함.
1895.5.4		禧在明 英國總領事가 外務大臣 김윤식에게 鐵道敷設權 등과 仁川 租界擴張權의 日本 獨占에 대하여 異議를 제기함.
1895.5.10		官立외국어학교를 설치하고 英 · 佛 등의 외국어교육을 실시함.
1895.5.18		外務衙門을 部外로 改稱하고, 舊印信을 廢鎖하여 新印信으로 改用함을 英館에 통보함.
1895.7.16		외부대신 김윤식이 英總領事 禧在明에게 絶影島地段의 貯留理由를 밝힐 것과 영국인의 매수를 금지하도록 요청함.
1895.8.9		외부대신 김윤식은 英總領事 禧在明에게 漢城 租界辦法의 示明 및 회답을 요청함.
1895.8.12		英總領事 禧在明이 김윤식 외부대신에게 絶影島地段의 외국인 매수 불허에 대한 항의를 함.
1895.10.8		김윤식 외부대신이 英總領事 禧在明에게 訓練隊 兵丁騷擾事件(乙未事變)을 解明함.
1895.10.8	켄뮤어	켄뮤어(Alexander Kenmure) 목사 英國 聖書公會(the British and Foreign Bible Society) 지부를 개설하기 위하여 내한함.
1895.10.11	軍艦到着	美國 군함 요크타운(Yorktown)호 · 페트렐(Petrel)호, 英國 군함 에드가(Edgar)호, 프랑스 군함 아일(Isle)호, 러시아 군

개화기 한국과 영국의 문화적 거리와 표상

		함 2척 등이 인천에 도착함.
1895.10.14		閔王后 廢位 眞相의 糾明을 김윤식 외부대신에게 요청함.
1895.11.1		英欽差大臣 O'conor(歐格訥)의 轉任을 외부대신에게 통보함.
1895.11.13	에드가	에드가(Edgar, 英國軍艦)號 인천항에서 罹災. 下士官 40명을 비롯한 기타 승무원 다수가 익사함. 재난사고 추념비가 1897년에 건립됨.
1895.11.27		閔王后 復位를 외부대신 김윤식이 英總領事에게 통보함.
1895.12.1		閔王后의 昇遐日時(本年 8月 20日 卯時)를 英總領事 禧在明에게 통보함.
1896.1.10		英國人 醫師 宜丕信의 護照를 외부대신에게 요청함.
1896.1.1.	맥도날드	맥도날드(Claude MacDonald, 竇納樂) 英國 特命全權公使 도임, 1898년 2월까지 재임함.
1896.2.11		이완용을 외부대신에 임명함.
1896.2.18		外部에서 英館에 義兵 騷擾로 인하여 英國人 遊歷者의 소환을 요청함.
1896.4.7	브라운	영국인 브라운(J.M.Brown)이 財政顧問으로 부임함.
1896.5.2		동대문 밖 三仙坪에서 英語學校 敎師 허치슨 指導아래 最初의 運動會이며, 最初의 陸上競技를 벌린 花柳會가 개최됨.
1896.5.29		Claude M. MacDonald가 英欽差大臣으로 임명됨.

부록 : 개화기 한국과 영국의 교류사 연표

1896.9.9	英國領事官	仁川 영국영사관 신축 정초식 거행함.
1896.9.24		高永喜가 외부대신서리를 接任함
1896.10	비숍 女史	비숍 女史(Mrs. I. B. Bishop, 畢涉浦) 來京, 한국에 관한 저서를 남김(Isabella Bird Bird, *Korea and Her Neighbours*, London, 1898). 1894-95년에도 방한.
	치롤	런던 타임즈의 기자 치롤(Valentine Chirol)이 내한함(1896년, 『The Far Eastern Question』 간행).
1896.10.10		李完用이 외부대신으로 復任됨.
1898.10.26		禧在明 英總領事가 遞任 歸國, 朱邇典(J.N. Jordan)이 總領事 接任함. J. S. Gale이 『천로역정』을 번역함.
1896.10.27	조던	英國 總領事 힐리어(Walter C. Hillier, 禧在明) 퇴임하고, 그 후임에 조던(J. N. Jordan, 朱邇典)이 부임함. 조던은 1898년 駐韓英國代理公使로 승진됨.
1896.11.4	의화군	의화군(李堈, 의친왕)이 미국 순방.(의화군은 1894년 報聘大使로 日本을 다녀왔고, 1895년에는 특파대사로 英・佛・獨・露・伊・墺 등 6개국을 순방 했으며, 1899년 渡美 留學함)
1897.1.12		閔泳煥을 英・法・德・俄・泊・墺國兼任特命全權公使에 임명함.
1897.2.	스트리플링	영국인 스트리플링(A.B. Stripling, 薛必林)이 警務廳 顧問에 임명됨.
1897.2.		英國人 트르리폴링을 警務 고문관에 임명함.

개화기 한국과 영국의 문화적 거리와 표상

1897.3.6		英國 Victoria여왕 즉위 60년 축하식에 特命全權公使 민영환을 派遣 參席케함.
1897.3.24	빅토리아 여왕즉위식	駐箚歐洲特命全權公使(英·獨·露·義·佛·墺) 閔泳煥을 特命大使에 임명, 英國 빅토리아여왕 즉위 60주년 축하식에 경축사절로 파견함. 그는 웨베르 부인(Mrs. Waeber)과 조선 해관 세무관원 라우텐펠트(P.Von Rautenfelt)를 동반하고 떠남.
1897.3.26		MacDonald 英欽差大臣이 國書奉呈하고 陛下奉呈하고 陛下 謁見日時를 本日 下午 2時半에 擧行할 것을 外部大臣이 英使에게 통고함.
1897.4.		영국인 선교사 게일이 『朝鮮語英語玉篇』을 간행함.
1897.5.1	브레넌	영국 상해 총영사 브레넌(Byron Brenan)이 상업상 용무로 내한함.
1897.6.7		이완용 외부대신이 조던(J. N. Jordan) 영국총영사에게 영어 교사 초빙의 뜻을 전함.
1897.6.10	윌리스	英國 仁川副領事代理 윌리스(R. Willis) 도임, 1897년 9월 8일까지 재임함.
1897.7.1		閔種黙이 외부대신서리에 任命됨.
1897.7.4		外部에서, 목포와 증남포의 개항일시를 本年 10월 1일로 결정하였음을 英館에 통보
1897.7.30		閔種黙이 外部正任大臣으로 任命됨.
1897.8.4		英總領事 Jordan이 외부대신에게 朝鮮 兵丁이 英國 領事의

부록 : 개화기 한국과 영국의 교류사 연표

通行을 妨害한데 대한 抗議를 제출함.

1897.9.22		閔泳翊이 各國 特命全權公使에 任命되었음을 傳達하여 주 도록 외부대신이 英總領事에게 要請함.
1897.10.1	러시아 貯炭所	釜山에 러시아 貯炭所 문제가 일어남.[8월 16일에 러시아 公使 웨베르는 러시아 太平洋艦隊 알렉세예프提督의 요청 에 따라 釜山 絶影島를 貯炭所로 租借해 줄 것을 요청했던 바, 英國의 반대로 外部協辦 高永喜는 이를 准許하지 아니 했음
1897.10.4		關稅와 地稅의 英銀 通用을 英總領事가 외부대신에게 要請 함.
1897.10.13		英國總領事가 외부대신에게 各國 公使 接見前後時刻에 單 獨으로 陞見의 稟准을 要請함. 政府는 木浦·甑南浦 兩港 章 程의 會押日을 10월 18일 오후 3시로 연기.
1897.10.14		외부대신이 英總領事에게 朝鮮國의 大皇帝 位號 宣布와 이 의 전달을 요청함.
1897.10.16		外部대신이 英總領事에게 朝鮮 國號의 大韓改定事를 통보 함.
1897.10.26		러시아人 알렉세프가 度支部財政顧問兼海關總稅務司에 任 命되고 영국인 Brown이 해임됨.
1897.10.27		英國總領事, 度支部顧問兼海關總稅務司 柏卓安의 解任을 거 부하고 同照會를 환송함.
1897.10.28		政府, 閔王后 因山 日時를 英館에 통보함.

개화기 한국과 영국의 문화적 거리와 표상

1897.11.3		조병식이 외부대신에 취임함.
1897.12.21	거문도	英國艦隊 거문도에 정박 중이라는 보고를 입수.
1897.12.31	英國艦隊	英國 불레트(Bullet)제독은 軍艦 8척을 이끌고 제물포(인천)에 입항, 수일간 체박함.
1898.1.1	오트윌	駐서울 英國領事補 오트윌(H. A. Ottewill) 서울 도착함.
1898.2.3		李道宰가 외부대신에 취임함.
1898.2.17		閔種黙이 외부대신서리에 就任함.
1898.2.22	영국공사관	英國總領事館이 公使館으로 승격됨.
1898.2.22	金鴻陸	러시아공사관附통역관(俄譯) 金鴻陸이 刺客에게 被擊되었으나, 英國 海兵에 의해 구출됨.
1898.		런던에서 저자 아서 디오스 『신극동』 발간함.
1898.3.8		閔種黙이 외부대신에 취임함.
1898.3.19		영국 주간지 「런던 화보 뉴스」 1898년 3월 19일자에 "깃발 신호로 교통 정리하는 영국 해병"이 수록됨.
1898.3.9		Jordan이 영국총영사에서 주한영국공사로 승진함.
1898.3.12		알렉세프가 재정고문에서 해임되고 영국인 Brown이 복직함.
1898.3.28		조병직이 외부대신서리로 취임함.
1898.3.30		英公使, 政府의 木浦英領事署基地擬定地段의 承認을 요청함.

부록 : 개화기 한국과 영국의 교류사 연표

1898.4.2	英公使가 英皇 吊意를 代建하기 위하여 陛下 謁見 要請한데 대하여 准許함.
1898.4.7	木浦英領事署基地를 政府에서 准定함.
1898.4.9	英公使가 大醉한 韓國 兵丁이 Jordan을 毆打하였다고 외부 대신서리 趙秉稷에게 통고함. 同上件 嚴罰하겠다고 외부대 신이 영공사에게 회답함.
1898.4.19	趙秉稷이 외부대신에 취임함.
1898.4.30	英公使, 평안도 지방의 礦山採掘을 准許하여 주도록 政府에 요청함.
1898.4.30	영국 주간지 『그래픽』에 콜 기자의 스케치 "남해에서 세곡을 운반하는 조선(漕船)"이 수록됨.
1898.5.24	政府, 成岐運을 英·德 등 全權公使로 派駐함
1898.5.30	兪箕煥이 외부대신서리에 취임함.
1898.6.2	영공사가 政府에 대하여 絶影島 各國 租界擬定件과 成津·群山·馬山 開港 및 平壤 開市에 대하여 致謝를 함.
1898.6.14	英國公使 Jordan의 英文官腳抄를 外部에 送付함. 英國 商人의 採礦請願을 美國人 例와 均霑하게 해주도록 政府에 요청함.
1898.6.15	英公使가 外部에 英國人 商社의 湖南線 鐵道 敷設權請願을 英商採礦合同의 독일 商人의 例에 依據라여 辨理하여 주도록 요청함.

개화기 한국과 영국의 문화적 거리와 표상

1898.6.23	오트월·졸리	仁川 英國副領事 졸리가 6월 23일에 사망함에, 오트월이 副領事代理에 임명됨.
1898.6.29		政府는 湖南線 鐵道 敷設請願을 謝絶하고 英商採鑛請願의 美國人 例均需要求와 平安道內 各礦의 開採不准 理由를 통고함.
1898.6.30		英辦事公使 Jordan이 외부대신서리 兪箕煥에게 英商의 독일 世昌洋行 例에 따른 採礦合同의 呈覽 및 會訂을 요청함.
1898.8.8		李道宰가 외부대신署理에 취임함.
1898.8.16		英商採礦合同의 更改를 拒否하고 合押을 催促함.
1898.8.24		朴齊純이 외부대신署理에 취임함.
1898.9.27	영국조광권	모건(W. Pritchard Morgan, 摩賡)을 대표로 하는 英國 商社에 광산채굴권이 인가됨.[외부대신서리 朴齊純과 英國辨理公使 조던과의 사이에 採礦合同이 체결됨]
1898.10.10		朴齊純이 외부대신으로 陞任함.
1898.10.21		英辦事公使 Jordan이 외부대신 朴齊純에게 毒茶事件 罪人의 急速處刑에 대하여 遺憾을 표명함.
1898.10.21		외부대신 朴齊純이 英辦事公使에게 皇太子 語學敎師 Joly(周驪夫人) 聘約의 盖印送還을 요청함.
1898.11.5	선디우스	仁川 英國副領事代理 선디우스(A. J. Sundius) 착임, 1899년 7월 31일까지 재임.
1898.11.5		閔種黙의 외부대신 就任을 영국공사에게 통보함.

부록 : 개화기 한국과 영국의 교류사 연표

1898.11.11		朴齊純의 외부대신 就任을 영국공사에게 통보.
1898.11.22	英國守備隊	英國公使館에 해병수비대를 배치함.
1898.11.28		閔商鎬의 외부대신署理 就任을 영국공사에게 통보.
1898.12.7		朴齊純의 외부대신 就任을 영국공사에게 통보.
1899.2.2		외부대신이 英辦事公使에게 英國人家에 숨긴 脫獄囚의 拿交를 요청함.
1899.2.15		英辦事公使가 외부대신에게 香港 銀圓의 通用을 요청함.
1898.3.23		李道宰가 외부대신署理에 취임함.
1898.3.31		英辦事公使가 外部에 스코틀랜드 박람회에 韓國 出品을 하도록 요청함.
1899.4.10		朴齊純이 외부대신에 취임함
1899.5.11		英國外犬入國章程을 政府에 送付함.
1899.5.21		朱公使가 평양 開市場의 城內 擇定을 政府에 강조함.
1899.8.1	고페領事	인천 英國副領事 고페(H. Goffe, 葛福) 착임.
1899.11.11		영국인 Murdoch와 J. A. Hay 등이 殷山 礦擇定과 不遠開採할 것을 외부대신에게 통고함.
1899.11.29		政府는 英辦事公使에게 殷山 礦地의 英商 開採 不許를 通告함.

1899.12.2	殷山 礦開採 不准에 대하여 英辦事公使가 외부대신에게 이를 반박함.
1899.12.7	英國의 炸藥庫 設置用으로 因한 富平栗島地段의 准買를 요청함.
1899.12.8	獨立新聞代 1764圓1角7分을 청산하여 주도록 政府에 의뢰함.
1899.12.26	政府는 平壤 開市場의 一區擇定을 윤허함을 英辦事公使에게 통보함.
1899.12.29	政府는 英商의 殷山 鑛地 採掘을 斷然 不許한다고 통고함. 영·미 합자회사가 인천에 英美 煙草工場을 준공하고 생산을 개시함.
1900.	런던에서 발행된 쟌 페리의 저서 『서양 신사와 조선』에 "설교에 열중하고 있는 선교사를 애타게 부르는 어린 딸"이 수록됨.
1900.1.25	閔種黙이 외부대신署理에 취임함.
1900.1.26	외부대신署理 閔種黙은 英商의 殷山 礦山의 着工 禁止를 言明함.
1900.1.29	英辦事公使는 政府에 殷山 礦山 開採雇用 外國人의 보호를 요청함.
1900.2.3	政府는 英國 倫敦楊子江商會의 採礦請願을 거절함.
1900.2.9	政府는 英辦事公使에게 殷山礦件을 단념하고 他礦의 揀擇을 요청했으나 翌日, 揀擇이 不能하다고 통사정을 함.

부록 : 개화기 한국과 영국의 교류사 연표

| 1900.2.15 | | 英辦事公使는 外通大臣서리 앞으로 殷山 礦地 고시로 인한 騷擾의 책임 소재에 경고를 함. |

1900.2.15 　英辦事公使는 外通大臣서리 앞으로 殷山 礦地 고시로 인한 騷擾의 책임 소재에 경고를 함.

1900.2.19 　英使는 殷山 礦地 集結礦夫의 解散措處와 영국인 등의 보호 및 폐하의 알현을 外部에 요청함.

1900.2.20 　外部는 殷山 礦夫 集結 事勢의 說明 및 陛見拒絶과 同意를 英使에게 촉구함.

1900.2.22 　英國 노벨 火藥公司에게 富平栗島에 炸藥庫 設置 許可를 함.

1900.2.28 　外部는 殷山 礦山의 派兵 保護 通告와 武裝人夫의 召還 및 英國政府의 오해를 해명하도록 英使에게 요청.

1900.3.8 　朴齊純이 외부대신에 취임함.

1900.3.17 　英國鑛山 　영국인 모건(W. P. Morgan)이 광산사무소를 평안남도 은산 지구에 설치함.(모건은 영국 하원의원임. 정부는 1899년 11월 11일 英國公使 조던이 출원한대로 3월 30일자 영국인 머독(V. Burn Murdock, 木爾鐸)·헤이(John A. Hay, 海意)에게 평안남도 殷山 採礦 許可를 내림)

1900.3.12 　外部에서 英使에게 화약 밀수를 금지해 주도록 요청함.

1900.3.13 　외부대신이 英使에게 殷鑛件 妥協案을 提起하여 翌日, 동 문제의 타협안에 동의를 해옴.

1900.3.30 　모건領事 　프리차드 모건(W. P. Morgan)이 駐런던 韓國名譽總領事가 됨.

1900.4.4 　영국회의원 Morgan의 倫敦韓國名譽總領事 임명장의 전달 및 영국정부 允准事를 英辦事公使가 외부대신에게 照覆함.

개화기 한국과 영국의 문화적 거리와 표상

1900.4.16		外部에서 英使에게 殷山礦 問題 타결을 위한 관원의 發程을 통고함.
1900.5.5		外部에서 英使에게 平壤과 殷山 礦山 사이의 전선가설 合同의 蓋印還送을 요청함.
1900.5.16	거빈스公使	英國조던公使가 휴가차 귀국, 거빈스(J. H. Gubbins)가 英國 臨時公使代理가 됨.
1900.6.4		英代理公使 John H. Gubbins가 외부대신 朴齊純에게 殷山 礦紛議의 査辦이 완료되었음을 통고함.
1900.6.16	왕립아세아협회	英國 왕립아세아협회(Royal Asiatic Society) 한국 지부가 서울에서 창설됨.
1900.6.16		영국 왕립아세아협회 지부를 서울에 설치함.
1900.7.12		咸陵加洋行이 輸入한 銃砲등의 進口准許를 英代理公使가 외부대신 朴齊純에게 요청함.
1900.7.13		英代理公使는 朴외부대신에게 목포·부산·마산항의 英館 基地 確保에 관하여 協助해주도록 要請.
1900.8.14	블란드	영국인 블란드(T. D. Bland, 卜南德), 美國 租鑛(金鑛) 지구에서 살해됨. 이에 대한 재판은 1901년 1월 3일 서울에서 개정됨.
1900.11.	강화성공회	강화도 영국성공회 교회당이 헌당됨.
1900.11.17		政府는 閔哲勳을 駐英·德·義 3國兼任全權公使에 임명함.
1900.12.27	勳章	영국 빅토리아여왕은 고종황제에게 印度帝國의 최고榮譽

부록 : 개화기 한국과 영국의 교류사 연표

騎士勳章(Honorary Knight Grand Commander)을 수여함.

1900.12.29	프램턴 영어학교	영국인 프램턴(G.Russel Frampton, 佛岩敦)이 영어학교 교장으로 착임.[프램턴은 한국정부 요구로 홍콩 소재 디오시산 學校를 사임하고 英語教師 雇聘 協定에 따라 내한함]
1901.		영국 화가 캠프는 그의 여행기 『터키, 러시아, 만주 및 조선의 모습』에서 한국 의상을 보고 느낀 점을 이렇게 적고 있다. "조선의 거리 패션은 분명히 감동적이다. 대부분의 여인들은 외출 시 연한 녹색이나 분홍색 테를 두른 밝은 빛 겉옷을 걸치고 거닌다. 이 소매가 없는 장옷은 머리에서 발 아래 부분까지 덮어 주는데 확실히 서울의 거리를 가장 매료시키는 색깔이기도 하다. 일상적으로는 흰 옷을 입는다."
1901.		崔榮夏가 외부대신서리에 취임함.
1901.3.16		閔泳敦을 駐英 · 美國公使로 임명함.
1901.3.21	稅關事件	韓國 官吏들 稅關 財産 및 稅務司(稅關長) 官舍를 引受 · 撤去를 기도했으나 실패로 끝났음. 稅關長의 解雇 企圖도 실패했음. 그후 6월 24일 협정에 따라 1년 후에 稅關 財産을 한국정부에 반환하고, 새로이 稅關廳舍 敷地를 지정 廳舍 建築을 허가함.[이 당시 稅務司는 영국인 브라운(J.McLeavy Brown, 柏卓安). 3월 31일 외부대신 朴齊純은 거빈스 英國公使에게 브라운 稅務司 해고는 宮內府 鐵道局長 金奎熙의 통역상 괘오(詿誤)로 빚어진 사건이므로 이를 취소한다고 통고함]
1901.4.10	英國의 最高勳章	英國 臨時公使代理 거빈스(J. H Gubbins, 高斌士)가 印度帝國의 最高勳章을 高宗皇帝에게 贈與함.
1901.4.18	브루스提督	英國 海軍小將 브루스(James Bruce)제독이 旗艦 바프루어

개화기 한국과 영국의 문화적 거리와 표상

(Barfleur)호로 인천에 입항, 4월 22일에 高宗皇帝를 알현하고 6월 10일에 출항함.

1901.5.5	군함입항	인천에 군함 12척이 입항 정박함. 4척은 오스트리아, 4척은 영국, 3척은 일본, 1척은 러시아의 군함임.

1901.5.17   朴齊純이 외부대신에 復任함.

1901.5.31   외부대신 朴齊純이 英代理公使 거번스에게 韓兵과 英館 旗手사이에 벌어진 爭鬪顚末의 반박과 대질을 요구함.

1901.7.10   英國 女人車에 投石한 韓國兵을 엄중히 징벌할 것을 영국공사가 외부대신에게 요구함.

1901.7.17   거빈스公使   인천세관 監督官代理 차머즈(J.L. Chalmers)는 부산세관 監督官 라포르테(E. Laporte)와 교대하고, 부산세관 監督官에는 오스본(W. W. C. Osborne, 阿玆本)이 임명됨. 차머즈는 稅務司 秘書가 됨. 원산세관 監督官代理 와케필드(C.E.S. Wakefield)는 監督官으로 승진됨.

1901.7.24   외부대신이 英代理公使에게 米粮의 港口運出을 잠정적으로 금지하고 있음을 照會함(10월 30일 解禁)

1901.8.19   英代理公使, 외부대신에게 殷山 礦山用槍彈의 搬入准許를 요청함.

1901.8.31   殷山 礦山用買收地段의 지주에게 대한 과세를 신속면제하여 주기를 요청함.

1901.8.31   외부대신이 英代理公使를 9월 7일 9시 大皇帝萬壽聖節宴에 초대함.

부록 : 개화기 한국과 영국의 교류사 연표

1901.9.2		殷山礦作路地段의 免稅可能 通告와 地上物의 損害補償을 外部에서 英館에 요청함.
1901.9.7	브리지提督	영국 해군중장 브리지(Cyprian Bridge)경이 萬壽聖節祝典에 참석함.
1901.10.31		崔榮夏가 외부대신서리에 취임함.
1901.11.4	거빈스	駐韓英國臨時公使代理 거빈스 해임되고, 조던이 公使代理職을 맡음.
1901.11.4		英代理公使 거번스가 퇴임하고 Jordan 公使가 還任, 國書親呈陛見을 요청함.
1901.11.8		閔種黙이 외부대신서리에 취임함.
1901.11.11	조던	조던이 英國 辨理公使兼總領事로서 1901년 7월 15일부 신임장을 제정함.(11월 10일).
1901.11.20		駐英辦理公使가 외부대신서리 앞으로 부산 영관기지의 한인 침범을 금지하여 주도록 요청함.
1901.11.23		외부대신서리 閔種黙이 英辦理公使 Jordan에게 醉酒行悖한 英館 旗手의 解去에 대하여 항의하고 再押交를 요청한데 대한 英使 反駁을 함.
1901.11.27		外部에서 英使에게 정동 일대에 層屋을 짓지 말라고 통보함.
1901.12.2		外部에서 英辦理公使 앞으로 自銅貨質의 私賣買 禁止를 의뢰함.
1901.12.3		英辦理公使가 外部에 雲山 영국인 살해범의 현상수배를 요

개화기 한국과 영국의 문화적 거리와 표상

청함.

1901.12.16	프란체세티 말그라	이탈리아의 프란체세티 말그라(Ugo Francesetti di Malgra, 佛安士瑞德), 駐韓伊國領事職에 부임.[그동안 英國公使가 伊館(義館) 一切 事務를 대행 했음] 그는 12월 8일에 착임, 1902 10월 12일에 서거함.
1901.12.16		英使가 外部에 정동일대의 層屋禁止區域 및 層屋限界를 명시하여 주도록 요청함.
1901.12.22	恐水病	駐韓英國公使館 경찰관 뉴웰(J. J. Newell), 恐水病으로 사망.
1902.1.	武器購入	볼드(Bauld)는 한국정부의 의뢰를 받고 무기수입 서류를 휴대하고 내한함. 즉 山砲(山戰砲) 8門에 1門當 彈丸 500발, 野砲(野戰砲) 4門에 1門當 砲彈 800발, 速射機關銃(麥泌砲) 6門에 1門當 彈丸 20만발 등을 지참하고 내한함.(영국으로부터 구입한 각종 대포를 南門內 前宣惠廳에 貯置하였는바, 그 가격은 약 20萬元임)
1902.1.9		朴齊純이 외부대신에 취임함.
1902.1.30	英日同盟	韓國의 미래와 관련된[영일동맹](Anglo-Japanese Alliance)이 영국 런던에서 체결됨.(이날 英國 外務大臣 랜스다운(Lansdowne)과 駐英日本全權公使 林董과의 사이에 제1차 [영일동맹]을 체결한바, 그 내용은 러시아의 남하에 대항하여 韓·淸 양국에 있어서 英·日 양국의 이익을 공동으로 보전한다는 것임)
1902.1.30		제1차 영일동맹 협약을 London에서 조인: 대브리튼국정부와 일본정부는 한·청 양국에서 상공업의 기회균등과 특수한 이해관계의 공유를 인정하는 6개 조항을 영 외상

부록 : 개화기 한국과 영국의 교류사 연표

Lansdowne과 日本 特命全權公使 林董間에 체결함.

1902.2.14		英國王 載冠式 參加大使에 義陽君 李載覺이 임명됨.
1902.2.25		英辦理公使가 외부대신에게 麻浦近地의 도적 단속을 요청함.
1902.3.15		兪箕煥이 외부대신서리에 취임함.
1902.3.21		外部에서 英使에게 화폐위조의 查禁과 稅則內偽造貨幣字義의 地餠包含看徵를 요청.
1902.3.21		英使가 外部에 燈塔建造에 관한 상황을 명시하여 주도록 요청함.
1902.3.26		同上의 회답으로 海邊燈塔等健置單을 英使에게 송부함.
1902.4.4	에드워드 대관식	赴英特命大使 李載覺(義陽君)은 英國國王 에드워즈 7세(Edward)의 대관식에 참석하기 위하여 인천 英國副領事 고페(H. Goffe)를 대동하고 영국 런던으로 출발함.(4월 5일)
1902.4.29		崔榮夏가 외부대신서리에 취임함.
1902.5.31		兪箕煥이 외부대신서리에 復任함.
1902.7.23	그렌펠提督	영국 해군소장 그렌펠(Grenfell)제독이 旗艦 알비온(Albion)호를 비롯하여 골리앗(Goliath)호 · 블렌하임(Blenheim)호 · 톨벗(Talbot)호 등을 이끌고 仁川 입항. 그렌펠제독은 고종황제를 알현하고 28일에 출항함.
1902.8.9	대관식	英國 에드워드(Edward)황제의 대관식 축하연을 英公使館 및 仁川 英國領事館에서 각각 거행함. 美國 艦隊와 日本 艦隊는 仁川 축하연에 참석함.

개화기 한국과 영국의 문화적 거리와 표상

| 1902.8.18 | 브리지提督 | 영국 해군중장 브리지(Cyprian Bridge)제독이 알라크리티(Alacrty)호를 이끌고 인천 내항, 고종황제를 알현하지 않고 8월 21일 거문도(Port Hamilton)로 출항함. |

| 1902.9.24 | | 英使가 外部에 貞洞敎會堂 門前에 勞役人의 집회를 금지하도록 요청함. |

| 1902.10.11 | | 『그래픽』에 "서울에서의 측량 작업"이 수록됨. |

| 1902.10.17 | | 조병식이 외부대신서리에 취임함. |

| 1902.11.1 | | 조병식이 외부대신에 취임함. |

| 1902.11.12 | 조던公使 | 駐韓英國公使 조던의 제의에 따라 한국정부는 이금세(likin, 釐金稅: 淸國 長髮賊의 亂이래 실시된 국내 관세임. 성을 통과하는 상품에 상품 가격의 百分之一을 부과하였음)를 징수하기 위하여 內陸 지방에 있는 淸國 商人으로부터 압수한 영국 상품을 회수반환하게 되었음. [英國公使 조던은 10월 20일 海關에서 關稅를 지불한 輸入洋貨를 中國 商人 馬聖烈 등이 護照를 가지고 영국 화물을 安城 등 內地로 싣고 가서 판매하자, 安城郡守는 이 상품에 대해 징세를 하려 하자, 馬聖烈이 이에 불응함에 洋布 12필을 압수한바 있음. 이에 英國公使는 이미 납세한 輸入 洋貨에 대한 징세는 이중과세라고 항의 시정을 요구. 이에 11월 12일 압수한 洋布 12필을 반환하면서 중국 상인의 坐肆賣買는 韓・淸條約 第8條에 위반된다고 지적함.(11월 17일)] |

| 1902.11.20 | | 外部에서 英使에게 漢城 電氣公使의 買收諭禁에 협조를 의뢰함. |

| 1903.2.7 | | 李道宰가 외부대신에 취임함. |

부록 : 개화기 한국과 영국의 교류사 연표

1903.4.28	외부대신이 英辦理公使에게 英商의 遂安礦山 採掘請願에 대하여 사절 통고를 함.
1903.5.30	義州 開港에 대한 비공식 토론에서 한국정부는 英·美·日로부터 義州나 龍巖浦의 개항을 권고받음.
1903.6.26	英使가 외부대신에게 鴨綠江口通商港을 증설하도록 권유함.
1903.7.9	외부대신이 英辦理公使에게 鴨綠江口通商港의 증설건을 숙고할 필요가 있다고 회고함.
1903.7.20	李重夏가 외부대신서리에 취임함.
1903.7.21	外部에서 英使에게 鴨綠江開市件의 猝急妥定이 불가하다고 회답함.
1903.7.30	李道宰가 외부대신에 還任함.
1903.8.3	英辦理公使가 외부대신에게 鴨綠江開市件의 晤商促求함.
1903.8.10	英·日 公使가 龍巖浦 租借撤廢와 義州 開市를 요구함.
1903.9.26	英使는 外部에 鴨綠江 開港件에 있어서 龍巖浦의 擇定을 역설함.
1903.10.9	李夏榮이 외부대신서리에 취임함.
1903.10.16	英辦理公使 Jordan이 외부대신서리 李夏榮에게 압록강 龍巖浦 개항을 강권함.
1903.11.2	英使가 外部에 白糖貨規擬定章程 및 同勅書를 送呈함.

개화기 한국과 영국의 문화적 거리와 표상

1903.11.15	영국인 해밀턴 등이 일본인 奧田貞太郎와 합자하여 인천 연초회사를 설립함.
1903.11.16	外部에서 英使에게 龍巖浦 開港과 同開辦 日字를 明年(1904) 1월 1일로 예정한다고 통고함.
1903.11.20	英使가 外部에 龍巖浦의 개항을 촉구함.
1903.11.29	仁川 煙草會社에서 葉卷草의 판매를 개시함.
1903.1.8	거류민과 공관 보호를 구실로 仁川港 駐留水兵 中에서 21명을 입경시킴. 동일 정부는 同護衛兵 招入을 중지하도록 英辦理公使에게 요구함.
1904.	영국의 여류화가 콘스탄스 테일러의 저서 『조선풍물』 발행. 화가는 서울의 중심가에서 남녀노소가 각기 다른 모자와 전통 의상을 입고 지나가는 장면을 보고 신선한 충격을 받았다고 토로했다.
1904.1.8 英國海兵	英國 公使館 수비대 해병 21명이 경인선 철도편으로 입경함. 1월 19일에는 35명으로 증강되었음.
1904.1.22	英辦理公使 Jordan이 외부대신서리 李址鎔에게 露·日開戰時의 中立宣言에 대하여 本國 政府에 이 뜻을 轉照하겠다고 함.
1904.1.24	朱英辦理公使가 李외부대신에게 海州淸商命安妥結 內容의 확인과 同賠償額을 돌려보내 주도록 요청함.
1904.2.8	朴鏞和가 駐英公使에 임명됨.
1904.2.22	英辦理公使로부터 외부대신에게 遂安金鑛 英·日·美 합자회사 설립을 통고하고 開鑛 准許를 요청함.

부록 : 개화기 한국과 영국의 교류사 연표

1904.2.23		咸興城津의 영국인 교인의 원산 호송과 재산보호를 英使가 外部에 요청.
1904.2.25		정부, 義州 開市 건의 재가를 英館에 통지함.
1904.2.29		英使는 義州 開市를 龍巖浦에 편입하도록 요구함.
1904.3.23		외부대신서리 조병식이 英辦理公使 Jordan에게 龍巖浦 開港件의 재가를 통지함.
1904.3.28		同上准許 및 條件을 제시함.
1904.4.1		金嘉鎭이 외부대신서리에 취임함.
1904.4.21		李夏榮이 외부대신에 취임함.
1904.5.22	敍勳	伊國辦理公使 모나코(A. Monaco, 毛樂高)·海關總稅務司 英國人 브라운(J. M. Brown)·前 獨逸領事 바이페르트(H. Weipert, 瓦以璧) 등에게 勳 이등을, 佛國代理公使 퐁트네 (Fontenay, 馮道來)에게 勳 일등을 특서하고 八卦章을 各賜함.
1904.6.11		영국 화보 주간지『그래픽』에 프란시스 프리스가 현장에서 찍은 사진을 브리워가 스케치로 재현 "불타는 조선의 왕궁" 이 수록.
1904.6.25		『런던 화보 뉴스』에 "조선에서 성업 중인 일본 군용 주보 (酒保)"가 수록됨.
1904.7.16		영국인 베델, 양기택이 대한매일신보와 英文紙 코리아 데일리 뉴스를 창간함.(1910)
1904.7.18	大韓每日申報	대한매일신보 창간. 韓·英合辦會社로 사장에 영국인 베델

개화기 한국과 영국의 문화적 거리와 표상

(Ernest T. Bethell, 裵說), 총무에 梁起鐸.

| 1904.7.21 | | 수안 금광의 영국인 우선권을 駐英公使가 외부대신 李夏榮에게 주장함. |

1904.7.21 수안 금광의 영국인 우선권을 駐英公使가 외부대신 李夏榮
에게 주장함.

1904.8.8 駐英公使가 통행을 조지한 韓兵의 嚴懲을 李外部大臣에게
요구함.

1904.8.22 尹致昊가 외부대신서리에 취임함.

1904.9.3 李夏榮이 외부대신에 還任함.

1905.2.8 수안금광 駐韓英國公使, 수안 금광을 英·美·日 3國 合同出資(총자
본금 百萬圓 각기 3분의 1 부담) 경영할 것을 駐韓日本公使
에 제의함.

1905.3. 주한 각국공사관 철수. 서울주재 영국외교사절의 지위가
다시 總領事로 變更. 總領事가 空白인 채 駐日領事가 사무
를 처리하고 한일합병까지 準獨立狀態로 존속함.

1905.3.28 수안금광 외부대신 李夏榮이 駐韓英國公使 조던에게 수안 금광 개발
에 관한 英·日·美 合資會社의 채굴을 허가함.

1905.5. 주영한국공사관을 철수시킴.

1905.5.6 尹致昊의 외부대신서리 취임을 英辦理公使 Jordan에게 통
보함.

1905.5.12 이한응자결 주영한국공사 이한응이 런던에서 殉國함. 각국에 파견한
공사를 소환함. 주영한국공사관 자동폐쇄.

1905.5.15 외부대신서리 尹致昊, 英辦理公使 Jordan에게 주영한국공

부록 : 개화기 한국과 영국의 교류사 연표

사 이한응의 순국 시의 구호에 사의 전달.

1905.5.16		英辦理公使로부터 韓國 외부대신에게 이한응件 사의 전달에 回謝함.
1905.6.10		英國人 假記者에 대한 주의를 英使가 외부대신에게 예고함.
1905.6.16		영국선교사 샤프에 대한 강경 지방관의 보호를 英使가 외부대신에게 요청함.
1905.6.25	영국호위병 철수	英國公使館에 주재하던 호위병 25명 인천 출항.
1905.6.26		강경 일진회의 영국인 선교사 침해사건을 엄히 징벌하도록 英使가 외부대신에게 요청함.
1905.6.28	샤프	영국공사 조던, 공주 미국 교회소속 영국선교사 샤프(C. E. Sharp)의 보호조치를 요구함.
1905.7.3	이한응	영국공사 조던은 전 주영한국공사 이한응의 遺品을 이한응 부인에게 전달함.
1905.7.27	조던	영국공사 조던 전 주영한국공사 이한응의 저금 141파운드 및 유서 등을 外部에 전달.
1905.8.12		2차 영일동맹 : 1차 영일동맹을 새로운 約款으로 변경하여 일본이 한국에서 정치적, 군사적, 경제적 이해관계를 옹호, 증진하기 위하여 지도, 감독, 보호의 조처를 취하는 것을 영국이 승인하는 대신, 일본은 淸國에 있어서의 영국의 특수이익을 보장함. London에서 英外相 Lansdowne과 日本 特命全權公使 林董이 조인함.

1905.9.16		閔種黙이 외부대신서리에 就任함을 英辦理公使에게 통보.
1905.9.20		朴鏞和의 외부대신서리 취임을 英使에 통보함.
1905.9.27	제2차 영일 동맹	제2차 영일동맹이 체결됨. 영국은 한국에 대한 일본의 지배를 인정함.
1905.9.30		朴齊純의 외부대신 接任을 英使에 통보함.
1905.10.31		英使, 이한응 유금의 송교 및 영수증 徵送을 外部大臣에게 요청함. 한국을 보호국화한 일본정부의 요구로 주한영국공사관이 철수함.
1905.11.3	조던	英國辦理公使 조던이 주영한국공사 이한응의 유금 1,354(日貨)圓을 外部에 전달.
1905.11.4	수안금광	수안 금광을 영국인 피어스(A.L. Pearse, 畢爾思)에 특허하는 合同이 外部에서 조인.
1905.11.6	스티븐즈	외무협판 윤치호, 외부고문 스티븐즈와 함께 귀국. 외부, 영국공사에게 수안 금광 채굴권을 영국인 피어스에게 특허함에 따라 그 이전에 이 금광을 개발 했던 한국인에게 보상금 지급을 요구함.
1905.12.2	주한영국 공관철수	영국 정부, 주한영국공사관을 철수하고 총영사로 대신한다고 일본정부에 통고함.
1905.12.11	공관철수	일본 외무성, 한국의 수교국인 英·墺·白·丁抹·佛·獨·伊·美·淸등 각국에 주재하고 있는 日本公使에게 한국공사관 철수를 훈령함.

부록 : 개화기 한국과 영국의 교류사 연표

1906.1.18	금광채굴권	영국 자본가단체는 한국에 있는 금광채굴권을 얻고자 일본 대장성에 출원. 통감부, 출원을 허락.
1906.4.15	베델추방	통감 伊藤博文 영국인 베델을 추방하는데 대해 영국정부가 이의를 제기하지 못하도록 외교적 교섭을 할 것을 일본 외무성에 건의.
1906.6.26	端雅德	영국인 목사 端雅德 자기 집에 학교 설립.
1906.6.30	龜城鑛山	1905년 11월 7일자로 영국회사 (British and Korea Cooperation)가 한국 황제의 勅裁를 얻어 殷山 광산과 龜城 광산을 교환하기로 成約하고, 統監에게 승인을 요청했지만, 통감부는 이를 거부함.
1906.10.16	모나코	이탈리아공사 나코 휴가차 귀국. 주한영국공사가 대리함.
1907.2.1	殷山金鑛	1899년부터 영국인이 채광하던 평남 은산금광이 폐광됨. 은산군수 張德根에게 광부 보호를 지시함.
1907.2.19	龜城鑛山	일본 외무성, 영국인 호로웨이에게 구성 광산 채굴권을 허가했다는 한국정부의 勅裁 사실을 駐日英國代理公使에 통지함.
1907.9.19	베델追放	일본정부, 주영일본대사에게 베델 추방 또는 대한매일신보를 폐간할 수 있게 영국정부와 교섭하라고 훈령을 내림.
1907.10.12	베델	경성주재 영국총영사관에서 베델에 대하여 총영사관 법정에 출두하라는 소환장을 발부함.
1907.10.14	베델재판	京城駐在 英國總領事館 법정에서 베델에 대한 공판이 개정됨. 총영사는 판사 자격으로 베델에게 6개월 謹愼에 대한 보증금으로 3,000圓 徵收를 선고함.

개화기 한국과 영국의 문화적 거리와 표상

1908.5.2	베델추방	통감 伊藤博文, 베델추방 조치를 일본외무성에 요청함.
1908.6.		대영성공회 한국선교단에서 宗古聖公會月報 1호를 발행 (~1911년까지 41호 발행)
1908.6.18		대한매일신보사장 베델이 치안방해죄로 3주간 禁錮處分을 받음.
1908.6.18	베델裁判	英國의 상해 고등법원 판·검사가 주한영국총영사관에서 고등법원 재판을 개정, 베델에게 3주간의 禁錮, 6개월간의 근신 보증금으로 1,000圓 徵收를 선고함.
1908.6.21	베델裁判	영국인 베델 3주간 금고형에 복역하기 위하여 상해로 떠남.
1908.6.25	베델	상해 한인 대동보국회 張鴻法 등이 베델을 영접하려 했으나, 英國軍艦 吳松에 도착했으므로 뜻을 이루지 못함.
1908.7.15	베델	상해에서 복역 중인 베델이 상해를 출항, 인천으로 향발함.
1909.		17년간 선교활동을 하면서 한국학에 관한 다수의 저서를 출간한 영국계 캐나다인 선교사 제임스 게일(James S. Gale)은 1909년에 발간한 『조선사정』에서 조선의 유교적 의식을 설명함.
1909.2.20		영국 화보 주간지 『그래픽』 1909년 2월 20일 자에 "조용한 아침의 나라에 나타난 자동차"(부제 : '한국의 수도에 처음 출현한 서양 자동차의 시위')가 수록.
1909.5.1	베델 서거	대한매일신보 사장 베델 서울에서 별세.
1909.6.31	재한외국인	재한 외국인 수는 일본인을 제외하고, 중국인 12,332명, 미국인 464명, 프랑스인 87명, 영국인 53명, 독일인 33명, 러

부록 : 개화기 한국과 영국의 교류사 연표

시아인 14명, 그리스인 8명, 이탈리아인 7명, 노르웨이인 5명임.

1909.10.20		統合된 官立漢城外國學校에서 英・德・法・日・漢 등의 외국어교육을 실시함.
1909.12.4		영국 화보 주간지『그래픽』에 영국인 기행화가 톰브라운이 그린 "서울에서의 쇼핑"이 수록됨.
1909.12.9	영국총영사	신임 영국총영사 보너(Henry Bonar) 서울 착임.
1909.12.11	이탈리아 총영사	이탈리아 총영사 카사티 대한의원에서 사망, 다음해 1월 4일부터 영국총영사가 사무를 대리함.
1909.12.28		주시경・게일・고교형 등이 한국어연구회를 조직함.
1910.1.29		『그래픽』, 톰 브라운의 "하천 위의 옛 다리" 수록.
1910.3.2	英韓辭典	李源益(대한인국민회 학무부)『英韓辭典』간행.
1910.4.28	서울거주 외국인	서울거주 구미인 수는 영국인 23명, 미국인 92명, 프랑스인 25명, 독일인 10명, 러시아인 17명, 벨기에인, 그리스인 각 1명 등임.
1910.6.14	만햄	대한매일신보 발행인이자 편집인인 영국인 만햄(Marnham)이 귀국하여, 3일간 휴간했다가, 이장훈이 인수하여 발간함.
1910.7.1	치롤	영국 런던타임즈 주필 치롤이 주영일본대사를 방문, 일본의 한국병합이 영일동맹에 미치는 영향에 대해 開陣함.
1910.7.1	재한외국 선교사	재한외국선교사는 장로교회 101명, 감리교회 78명, 영국 宗古聖教會 22명, 복음교회 2명, 천주교 프랑스인 57명・독일

개화기 한국과 영국의 문화적 거리와 표상

인 2명, 캐나다 장로교회 14명, 호주 장로교회 13명, 동방정교회 4명, 降臨布敎敎會 5명, 영국 성서공회 3명, 구세군 8명, 기독교청년회 6명, 선교사 숙박소 1명 등 총 316명임. 이에 소속된 한국인 목사 및 조수 1,927명임. 교회당은 長老敎會 1,022개소, 감리교회 323개소, 천주교회 47개소, 캐나다 장로교회 40개소, 英國 宗古聖敎會 41개소, 합계 1,493개소. 기타 1,428개소의 집회소가 있음.

1910.7.13	서울거주 외국인	서울거주 외국인 수는 영국인 88명, 미국인 131명, 프랑스인 57명, 독일인 19명, 러시아인 12명, 벨기에인 1명, 중국인 2,036명임.
1910.8.10	영국 총영사관	주한영국총영사가 통감부에 한일합방 후 외국인의 권리 및 이익, 즉 공업권·어업권·연초제조권·차지권·광업권·부동산 소유권 등의 보증에 관해 문의, 기득권을 존중한다는 답변을 받음.

한국과 영국의 대외조약과 협정

1882.6.6	韓·英修好通商條約(取消됨) [趙寧夏·金宏集·윌스(韋力士)]
1883.11.26	韓·英修好通商條約 [閔泳穆·파크스(巴夏禮)]
1884.4.28	韓·英修好通商條約 批准
1884.10.3	仁川 제물포 各國租界章程 [金宏集(韓)·푸트(美)·파크스(英)·竹添進一郞(日)·袁世凱(淸)]

부록 : 개화기 한국과 영국의 교류사 연표

韓國駐在英國外交官

駐韓英國公使

1884.2.27-1885.3.23	파크스(Harry S. Parkes, 巴夏禮), 駐韓英國特命全權公使
1885.11.24-1892.4.1	월샴(John Walsham, 華爾身), 特命全權公使
1892.4.1-1895.10.24	오코너(Nicholas R. O'Conor, 歐格訥), 特命全權公使
1896.1.1-1898.2.22	맥도날드(Claude MacDonald, 竇訥樂)卿, 特命全權公使
1898.2.22	駐韓總領事 조던(J. N. Jordan, 朱邇典), 代理公使로 昇進함
1901.11.11	조던代理公使 辨理公使兼總領事로 昇進함
	(任命日字는 7.15임)
1900.5.17-1901.11.4	조던公使 賜暇歸國中, 거빈스(J.H. Gubbins, 高斌士) 代理公使

漢城英國領事

1884.3.17-1885.10.22	애스톤(W. G. Aston, 阿順頓, 亞斯頓) 漢城臨時總領事
1885.1.14-1885.5.31	칼스(William R. Carles, 賈禮士), 總領事代理
1885.10.23-1886.11.24	베버(E. Colborne Baber, 具德祿), 總領事代理
1886.11.25-1887.1.17	파커(Edward. H. Parker), 總領事代理
1887.1.18-1888.6.11	워터즈(T. Watters), 總領事代理
1888.6.12-1889.5.5	포드(C. M. Ford, 福格林), 總領事代理
1889.5.6-1896.10.27	힐리어(Walter C. Hillier, 禧在明), 總領事代理
1891.10.1	힐리어, 總領事로 昇進
1893.7.21-1894.9.30	힐리어 總領事 휴가 중 윌킨슨(W. H. Wilkinson)가 대리.
1896.10.27-1904.2	조던, 總領事
	1898년 2월 22일에는 代理公使로 昇進(辨理公使)
	1900 5.17 조던 總領事 휴가 중 거빈스, 總領事代理
1904.2.	조던, 代理公使兼總領事
1884.4.26-1886.10.22	스코트(James Scott, 薩允格), 輔佐官
1885.10.9-1886.5.11	알렌(E. L. B. Allen), 輔佐官
1887.9.18-1891.2.25	캠벨(C. W. Campbell), 輔佐官
1891.4.18-1892.9.10	케르(W. P. Ker, 柯), 輔佐官
1892.12.3-1894.9.4	폭스(H. H. Fox), 輔佐官
1894.9.8-1895.2.15	킹(H. F. King), 領事館 輔佐官

개화기 한국과 영국의 문화적 거리와 표상

| 1895.2.15-1897.12.31 | 윌리스(R. Willis), 領事官補 |
| 1898.1.1-1904.2. | 오트윌(H. A. Ottewill, 奧泰蔚), 領事官補 |

仁川英國領事

1884.3.17-1885.6.6	칼스, 臨時副領事
1885.6.7-1886.11.24	파커, 副領事
1886.11.25-1887.3.31	스코트, 副領事代理
1887.4.1-1887.5.30	풀포드(H. E. Fulford), 副領事代理
1887.5.30-1888.4.6	스코트, 副領事代理
1888.4.7-1888.5.3	캠벨, 副領事代理
1888.5.4-1888.6.25	스코트, 副領事代理
1888.6.26-1888.11.19	캠벨, 副領事代理
1888.11.20-1890.5.12	풀포트, 副領事
1890.5.13-1891.9.11	스코트, 副領事
1891.9.12-1892.3.10	프레이저(Everard H. D. Fraser, 法磊斯), 副領事
1892.3.10-1892.9.26	스코트, 副領事代理
1892.9.27-1893.7.24	존슨(W. O. Johnson), 副領事
1893.7.25-1894.2.5	폭스, 副領事代理
1894.2.6-1897.6.9	윌킨슨, 副領事
1897.6.10-1897.9.8	윌리스(R. Willis), 副領事代理
1897.9.9-1898.6.23	졸리(H. B. Joly, 周麗), 副領事
1898.6.25-1898.11.4	오트윌, 副領事代理
1898.11.5-1899.7.31	산디우스(A. J. Sandius), 副領事
1899.8.1-1904.2	고페(H. Goffe, 葛福), 副領事

駐英·伊 韓國公使

閔泳敦 駐英·伊韓國特命全權公使(1901 3. 16)	月俸	700.00圓
李漢應(膺)三等參書官	月俸	166.66圓
吳達泳　三等參書官	月俸	166.00圓
閔裕植　書記生	月俸	150.00圓

부록 : 개화기 한국과 영국의 교류사 연표

李起鉉　書記生　　　　　　　　　月俸　　150.00圓

駐英韓國領事

모건(W. Pritchard Morgan, 摩賡) 런던 명예총영사

(ㄱ)

개화기 한국과 영국의 문화적 거리와 표상

개화기 한국과 영국의 문화적 거리와 표상

개화기 한국과 영국의 문화적 거리와 표상

■ 편저자약력 ■

송재용 宋宰鏞

단국대학교 문리과대학 국어국문학과 및 동 대학원 졸업(문학박사)
현재 단국대학교 죽전캠퍼스 교양기초교육원 교수,
동아시아고대학회 회장

■ 주요저서
  『한국 의례의 연구』(2007년 문광부 우수학술도서)
  『미암일기 연구』(2008년 문화체육관광부 우수학술도서)
  『삼국유사의 문학적 탐구』(공저, 2009년 문화체육관광부 우수학술도서)
  『한국 민속문화의 근대적 변용』(공저, 2010년 학술원 우수학술도서)
  『조선의 설화와 전설』(공역)
  『개화기 대외 민간 문화교류의 의미와 영향』(공저) 외 다수.

오인영 吳仁英

고려대학교 문과대학 사학과 및 동 대학원 졸업(문학박사)
현재 고려대학교 역사연구소 교수

■ 주요저서
  『개화기 대외 민간 문화교류의 의미와 영향』(공저)
  『나라를 사랑한다는 것-애국주의와 세계시민주의의 한계논쟁』(역서)
  『과거의 힘-역사의식, 기억과 상상력』(역서) 등

『개화기 한국과 영국의 문화적 거리와 표상』

초판1쇄 인쇄 2012년 11월 30일
초판1쇄 발행 2012년 12월 10일

편저자 송재용 · 오인영
발행인 윤석현
발행처 도서출판 박문사
등 록 제2009-11호
전 화 (02)992-3253(대)
전 송 (02)991-1285
주 소 서울시 도봉구 창동 624-1 북한산현대홈시티 102-1206

전자우편 bakmunsa@hanmail.net
홈페이지 http://www.jncbms.co.kr
책임편집 이신

ISBN 978-89-94024-74-5 93900   **정가** 23,000원